三星！三星！！
三星！！！

全面解析三星的腾飞之谜

冯晓●著

北京理工大学出版社
BEIJING INSTITUTE OF TECHNOLOGY PRESS

图书在版编目（CIP）数据

三星! 三星!! 三星!!! / 冯晓著. —北京：北京理工大学出版社，2014.9
ISBN 978-7-5640-9414-0

Ⅰ．①三… Ⅱ．①冯… Ⅲ．①电子工业－工业企业管理－经验－韩国
Ⅳ．①F431.266.6

中国版本图书馆CIP数据核字（2014）第136961号

出版发行 / 北京理工大学出版社有限责任公司
社　　址 / 北京市海淀区中关村南大街5号
邮　　编 / 100081
电　　话 / （010）68914775（总编室）
　　　　　　82562903（教材售后服务热线）
　　　　　　68948351（其他图书服务热线）
网　　址 / http://www.bitpress.com.cn
经　　销 / 全国各地新华书店
印　　刷 / 北京紫瑞利印刷有限公司
开　　本 / 710毫米×1000毫米　　　　1/16
印　　张 / 14　　　　　　　　　　　　　　　　　　　责任编辑 / 刘　娟
字　　数 / 220千字　　　　　　　　　　　　　　　　文案编辑 / 刘　娟
版　　次 / 2014年9月第1版　2014年9月第1次印刷　　责任校对 / 周瑞红
定　　价 / 29.80元　　　　　　　　　　　　　　　　责任印制 / 边心超

前　言

在韩国，人们把"生死、税收、三星"称为人生必须经历的三件事情。暂且不管这一说法的戏言程度有几分，管中窥豹，足见三星的影响不仅停留在企业品牌的层面，更形成了一种具有引领意义的文化效应。然而若干年前，三星不过是大公司的"打工仔"，即便经过了二十多年的发展，仍没有掌握尖端的核心技术，依然要从技术巨头那里购买芯片。今天的三星，已非昔日能比，其业务不仅涉及电子产业的多个领域，更有金融保险服务业、重化工业和贸易等多元业务。旗下子公司有三星电子、三星物产、三星生命、三星航空等，并且三星在瞬息万变的市场中始终能有20种产品市场占有率位居世界第一。短短70年的腾飞，三星已然成为韩国第一大企业，同时也成为一个跨国的企业集团，是"世界500强"之一，是全球最具竞争力的企业之一。面对这样一个商业奇迹，我们不禁要问：是什么缔造了三星的腾飞？三星集团是怎样从一个名不见经传的小公司获得了今日的成就？本书将从三星企业发展史入手，逐步解读三星腾飞故事背后的秘密，多方位探究这个庞大的"商业航母"成功的原因。

想要深入了解一个公司成功的原因，首先要从其成长史入手。概览三星企业的成长史，其经历了"起步—立足—发展—变革—多元发展"的发展过程。然而，在这个充满挑战和竞争的年代里，这个过程并非一帆风顺，三星也经历了跌宕起伏的波折，我们可以从三星企业的发展中读到详细的事件。正是这些大大小小的事件，逐步缔造了三星今日的商业奇迹。我们该如何解读三星迅猛发展之路？——20世纪70年代为日本三洋贴牌生产黑白电视，三星如何从地摊货成功转型？20世纪90年代亚洲的金融危机波及整个韩国，三星为何能够安然渡过并得到重生？21世纪初三星进行了产业结构整改，如何造就如此多元的产业集群？

良好的开端是成功的一半。如果说20世纪70年代的三星并不是一个很好的开端，那么到了90年代三星将自己的产品从大众超市中撤出，建立自己的品牌专卖店，这一举动则是三星走向成功的真正开端。研发引领潮流的产品，定位高端路线，创造出一种高档次产品的形象，再反过来刺激产品销售，这不仅能够带来高额的利润回报，更重要的是能够打造品牌的价值。自此之后，专注于品牌建设的三星，在短短二三十年的时间里使自家品牌的影响在全球范围内深入人心。三星的品牌建设、管理体系和营销策略，在其企业发展史上是很重要的一环，也一直是营销培训课程的经典案例，本书将对三星品牌运作的四大法宝进行解读。

三星从创始发展到现在，已经历过两代领导人。这两位领导人各自独特的领袖气质，也对三星的腾飞起着重要的作用和影响，可谓"败也领导人，成也领导人"。

三星的第一代领导人李秉喆先生，他的经营理念是"合理经营"；而第二代领导人李健熙先生，他倡导的是"新经营"运动。这两代领导人处于不同的时代背景下，却都带领三星产业茁壮成长。他们对企业的管理既融合了东方儒家的哲学思想，同时也采用了西方先进的管理技术，运用"环形"交叉持股的方式，既对庞大的三星企业实际控制，同时又能保证企业各层的绝对执行力。这在韩国传统家族企业中，实属不可多得的创新，也因此成就了三星领导人的传奇。

三星集团之父李秉喆说："在我的生命中，有80%的时间都是用来网罗和培养有潜力的人才的。""人才第一"是三星一直以来宣扬的文化之一。资料表明，三星是韩国最大的人才库：公司4.8万名员工中，硕士、博士的人数超过5 500人。其完善的人力资源管理系统对公司各层员工有着完善的管理机制，为员工提供丰富的学习机会，甚至为员工的家人提供学习机会，来间接影响员工。这套复杂的人力资源管理系统随着三星企业的发展更加趋于科学和完备，为现代很多企业人才管理提供了非常好的模板和教材。

"除了老婆孩子，一切都要变。"这个疯狂的口号出自三星第二代领导者李健熙。面对全世界汹涌澎湃的信息化革命浪潮和日渐明朗的产业升级、结构调整的全球化趋势，三星开始了对"创新"无比狂热的追求。这种狂热让其研发团队脑细胞死伤无数，但换来的却是三星产品在行业内引领潮流的地位。三星对"创新"的执行力度，得益于其管理机制，使其他很多企业难以望其项背，后文将对三星的创新机制进行梳理和归纳。

定位、领导、质量、营销、人才、文化、创新……回顾三星企业的发展之路，这些特质都是闪耀的明珠，它们共同成就了三星的辉煌。在未来的年代，技术与理念依然会以前所未有的速度增长，我们需要像三星那样不断地学习，从模仿到创新，最后建造自己的成功。本书将沿着三星企业发展的历程，提取造就其崛起的重要因素，力求将三星企业的成功经验进行梳理，以便其他企事业管理者开拓思维、学习借鉴。

目录CONTENTS

目 录
Contents

3

三星创始人李秉喆

第一章

商业巨人清醒记

一、落地争第一

如果上天没有送给你机会，你就自己创造机会！

——李秉喆

1．李秉喆的第一桶金

　　1910年2月12日，三星创始人李秉喆出生在韩国庆尚南道宜宁郡一个富裕的农民家庭，他的祖父是位文人，他从小就在其祖父开办的名为"文山书亭"的书院里接受教育。虽然他自小聪明伶俐，但刚开始却贪玩调皮，不好好读书，为此没少挨父亲的骂。其父送他到很远的新式学校后，他才一改往日调皮习性，专注于学习，因此，学到了不少东西。后来，在汉城（今首尔）读中学时，没有等到中学毕业，他便毅然决定只身坐轮船奔赴日本早稻田大学留学，并选择了读政经科。在这期间，他在早稻田大学良好的学习氛围中不仅修政经必修课，上课认真听讲，一字不漏地做笔记，而且课外还找了许多书籍来阅读，如饥似渴地汲取着各种知识。这段时间的学习使他开阔了视野、增长了知识、经受了锻炼，为他日后的创业打下了良好的基础。大二时，因为不适应日本的气候，脚疾重发，他不得不回到家中休养，过了一段无所事事的休闲生活。而当时，早婚的李秉喆已经是三个孩子的父亲了，因为家中富裕，他也不急着去工作，每天出去与一大帮朋友疯玩儿。直到有一天，他在外混到很晚才回来，看到了熟睡中的三个孩子和妻子，心下一动，登时如大梦初醒，觉得已为人父，整天玩儿也不是个事儿，应该有自己的一番事业。自那个晚上后，李秉喆心中的那份男人气概被唤醒，他重新审视自己的梦想，准备做一番事业。

当时，家中经济尚好，家人也非常支持李秉喆做一些事情。于是在父亲的帮助下，李秉喆和几个朋友合伙在家附近的马山开办了一个粮食加工厂，成立了"协同精米所"。但这第一次创业并没有想象中的顺利，李秉喆发现这并不是碾碾米、卖卖货那么简单的事情。因为经验不足，这次生意很快就亏了本。而此时，日本开始了全面侵华战争，因为战争需要大量的经费，为了聚敛资金，日本的银行纷纷冻结资金回敛本国。李秉喆没有了货款来源，只得卖掉所有土地、转让粮食加工厂和运输会社，偿还全部债务。他的工厂倒闭后，由于时局混乱生意难做，父亲的生意也不是很顺利，家中再也没有多余的资金供他企业。这个29岁的年轻人，身无分文，几年奋斗的心血付诸东流，又回到了创业前的起点。

"如果上天没有送给你机会，你就自己创造机会！"李秉喆并未灰心丧气，这次打击反而激发了他的斗志：一定要把赔的钱赚回来！他重新开始四处搜寻商机。具有敏锐商业意识的他，通过对朝鲜半岛和中国的考察，最终发现了一个本小利大的生意：向朝鲜半岛和中国东北贩卖水果、蔬菜、鱼干等。1938年的3月，大邱市尚在春寒料峭中，李秉喆在寒风中亲自看着工人将一块"三星商会"的匾挂上了一家小铺面的门梁，同时他还邀请在早稻田大学认识的关系要好的同学李舜根做商会负责人。这就是三星的前身，此时就像是一个刚形成的胚胎，还需要孕育和生长！

李秉喆说，之所以以"三星"命名，是因为"三星"中的"三"是"大、多、强"的意思，而"星"是"明亮、高远、永恒"的意思。这个名字，显然寄托了这个不足30岁的年轻人渴望做一个强大、持久的企业的梦想。恐怕他当时也没想到自己能够在漫长的岁月中把这个企业梦一直做下去，而且还做得那样辉煌。

有了前次失败的经验，李秉喆经营三星商会要比之前从容许多。三星商会向朝鲜、中国东北等地输出果蔬、鱼干等食品，虽然利润并不是很大，但市场比较稳定，商会很快积累了一大笔的资金。李秉喆当然不会满足于此，后来又办了一个面粉加工厂。不久，机会又降临到他的头上：当时韩国国内民生困难，政府保护和扶持一些实业。经过仔细考察，一个别人不太注意的产业——酿造业引起了他极大的兴趣。当时正有一家私酿厂在等待出售，他考虑再三，终于决定出手，以12万韩元的价格收购了当时内部矛盾尖锐的朝鲜酿造厂。经过一年的整改与经营，"朝鲜酿造"不仅摆脱了之前生产停滞的状态，而且产量大增至一万石①；而销量也是节节上升，当年一跃成为当地的"纳税大王"。这应该是李秉喆赚到的人生当中真正的"第一桶金"，也是李秉喆人生中一个至关重要的"第一"。自此，李秉喆愈加雄心勃发。

然而，在那个动荡的年代，人们总是遇到不测之风云。20世纪40年

①石为容量单位，10斗=1石。

代，当时日本侵略者的爪牙不仅肆虐中国大地，还放肆地伸向朝鲜半岛，对各类物资进行统管和专控。本来三星商会和"朝鲜酿造"利用的就是乱世当中的间隙，踏实积累，聚少成多，而日本侵略登时使原本就不景气的市场更加艰难。不但生意无利可图，而且连原料也难以保证，三星商会举步维艰。虽然李秉喆和他的合伙人想尽办法，却也只能勉强维持商会的运转。幸好1945年日本战败投降，对朝鲜半岛的控制极大地松动，三星商会和"朝鲜酿造"才得以恢复生产，销售业务才得以不断发展。

2. 三个"第一"成就三星韩国第一企业地位

事业正处于逐步发展阶段的李秉喆雄心勃勃，一刻也不停地努力工作着：一方面确保商会和酿造厂的正常运营和生产；另一方面积极寻求新的发展机会，物色新的产业。他最终将自己的事业从大邱周边地区扩展到汉城——这个自己曾经求学的繁荣的大都市——在现在的YMCA商厦租了一间200平方米的办公室，再次挂出了"三星物产公司"的牌匾。这个物产公司是真正意义上的股份制企业，李秉喆出资75%，其他人出资25%，由李秉喆担任社长。三星物产公司显然是三星商会的升级版，不仅局限于做干杂食品等小生意，还扩大了经营品种，产品达到了上百种。三星物产公司瞄准的是国际贸易，主要活动范围在中国香港、中国澳门地区，以及新加坡等东南亚国家和地区。令人难以置信的是，李秉喆经营三星物产公司仅仅1年时间，竟然就创利1.2亿韩元，在当时韩国国内543个注册贸易公司中排名第七位。一时间，李秉喆成为韩国商界一颗迅速升起的新星。

然而，好景不长，又一场厄运降临到他头上。1950年朝鲜战争爆发，局势陷入一片混乱当中，这无疑给正在汉城蓬勃发展的物产公司带来了巨大的影响。迫于无奈，李秉喆不得不带着家人再次回到大邱，扔下凝结了无数汗水与心血的产业。多年努力毁于一旦，他又变得一无所有了。回到大邱后，李秉喆找到了老朋友加合伙人李舜根。让李秉喆万万没有想到的是，自己当年只是托李舜根帮忙看着他的"朝鲜酿造"，而李舜根却在战乱中含辛茹苦地将这份生意经营得很顺当。而当李舜根将账本和三亿韩元盈余款交还给老朋友时，李秉喆流下了感动的泪水。这笔资金不仅为李秉喆以后的事业打下了基础，而且两人的这段情谊创造了一段罕见的商界传奇。1951年，李秉喆拿着这三亿韩元在釜山建立了"三星物产"株式公社，一年内三亿元足足增长了20倍。

当时韩国依然饱受战争影响，国内物资缺乏，出现了严重的通货膨胀，生产消费品的设备遭到大规模破坏，连人们的日用杂货都非常紧缺，不得不靠大量的进口商品来维持。李秉喆一心想要为国家做些贡献，在当时的情况下，他认为自己找到了一个很好的商机——进军制造业。他认为这不仅是三星企业发展壮大的好机会，而且对于整个国家也是大有裨益的事情。当时的韩国对日用品的进口太过依赖，损耗国家外汇不说，最重要的是国家无法发展自己的民族经济，这样韩国就无法在世界上立足。但如果三星占领日用品等制造业市场，制造出韩国人自己的日用品，那必然会使原本流向国外的资金回流给三星，不仅企业可以赢利，而且国家减少了外汇的损耗。这样多赢的事情，何乐而不为呢？

于是到了1953年，经过慎重的考虑和仔细的考察，三星选择了制糖业。李秉喆首次以自己的技术力量创办了"第一制糖工业株式会社"。这一次，三星把"第一"两个字大大方方地放在了公司名称的前面。正如李秉喆所说："我们敢称自己是第一，就是要激励自己为他人所不为，事事争第一。"然而涉足一个新型的领域并非一件容易的事，困难总是层出不穷。1953年11月，李秉喆非常兴奋地等待第一批试投产的白糖出厂，没想到从机器里流出来的糖不是期望中的白色，而是乌漆麻黑的东西。随后，尽管研发人员进行了多次改进，依然不见成效。李秉喆亲自到糖厂，一道工序接一道工序地检查，终于从一个操作员那里获得了一种猜测，而这样的猜测并未体现在技术人员的报告里。李秉喆并没有轻视这位操作员的意见，而是按照他的想法，试着将原料分几次添加。奇迹出现了，这次机器里流出的终于是雪白的糖了！自此，韩国打破了白糖依靠进口的局面，市场上终于有了国内生产的白糖，迅速将进口白糖的比例降到了8%以下。

"第一制糖"的成功，大大地增强了三星公司的财力，也极大地鼓舞了李秉喆。他继续瞄准下一个依赖进口的产业——毛纺制造业。李秉喆于1954年照猫画虎地成立了"第一毛纺工业株式会社"。当时，毛纺织品在韩国近80%都是靠进口，对李秉喆来说，那不仅是一份诱人的利润，更重要的是可以支撑起国家的经济。这次李秉喆直接引进国外先进技术，生产出了可与欧洲产品相媲美的高档织布面料。靠着对产品质量的严格把控，他很快将毛纺厂发展为具有国际水平的企业，产品成功"登陆"到了毛纺织品王国——英国。6年之后，第一毛纺工业株式会社已经积累了30亿韩元的资本。

从20世纪60年代开始，韩国经济走上了高速发展的道路，国内百废待兴。当时进军建筑业是个最为热门的选择，但李秉喆并没有进军建筑业。

因为当时韩国农业最缺少的是化肥，化肥也是全面依赖进口。看到这种情况的李秉喆又决定插手肥料工业，筹建肥料厂。这一次他建立起后来创造了世界上规模最大、设施最新、工期最短三项纪录的"第一韩肥厂"。此后，"韩国肥料"不仅满足了国内市场的需求，而且还开创了韩国出口肥料的历史，实现了韩国肥料从依赖进口到可以出口的转变，取得了显著的经济和社会效益。

这三个"第一"，不仅使李秉喆成为韩国的首富，更使三星一跃成为韩国第一大企业，纳税额占到了全国税收总额的40%。虽然此时的三星还不是我们所指意义上的三星，但它却可以被看作三星企业经过长期的孕育落地成形的开始。一贯沉着冷静的李秉喆始终以敏锐的目光捕捉着国内外每一个时期的经济发展动向，准备选择最具挑战性的发展目标。他认为，现代社会显著的特征之一就是：每个人都必须参与竞争，争当第一。只有鞭策自己不断努力，不断地攀登高峰，这样带出来的企业才会有前途。因此，在整个创业实践中，李秉喆始终标榜三星的"第一主义"——就是无论在什么时候，"三星"都要做到最好。这个时候，他也许还不知道三星可以创造多少个第一，但他坚信这个落地的孩子，一定是第一。

二、初涉电子业

有一些声音反对三星在轻工业上的大量投入，我可以明确地回应——这是不负责任的声音！如果在三星起步时，我们就从事重工业来制造大型机器，怎么可能走到今天？战后很多问题依然存在，无一例外会成为企业和市场的隐患。如果我们仅凭着一腔热血而不考虑市场和国家的实际状况就去投入重工业项目，怎么能不失败呢？所以不管做什么生意，首先必须要考虑市场的长久性。

——李秉喆

1．做生意要考虑市场的长久性

第二次世界大战后，令世界人民吃惊的是，日本经济在遭受重创的情况下竟然得到了飞速的发展，尤其是其电子工业发展迅猛。有数据表明，日本电子工业20世纪50年代平均增长率为36%，60年代平均增长率为20.8%，其规模仅次于美国，一跃成为资本主义世界的第二名。这让许多地小物稀、缺乏资源的国家看到了一个新的标杆。李秉喆自然也瞄准了电子产业，因为这个主要依靠技术的劳动密集型行业，太适合缺乏资源的韩国了。

20世纪50—60年代，电子业的主要产品可以分为三大类：第一类是家用电子产品，包括电视机、收音机、录音机、电唱机等；第二类是工业用的投资类电子产品，包括通信设备、电子计算机等；第三类是电子元件，包括半导体等。当时日本经济发展向美国看齐，国内形成了一股仿效美国式文化生活的浪潮，家庭生活追求丰富多彩、便利充足。电视机、洗衣机和电冰箱被称为"三大神器"。而当时的韩国，经济还没有发展起来，战争之后人民处于非常艰难的境地，电子行业的发展更是尚未起步，电子产品对于韩国人来说几乎等同于奢侈品。比如，黑白电视机这种在欧美已经普及甚至逐渐被彩色电视机淘汰的东西，如果一个韩国家庭能够拥有一台，那在亲戚朋友中是相当有面子的。

有需求就有市场，根据当时李秉喆的分析，从技术、劳动力、附加值、出口预期等方面考虑，电子业是最适合在韩国国情下发展的行业。李秉喆决定照着日本的路子发展电子产业，从此进入轻工业市场。当时韩国的经济不属于国有化，企业会更多地考虑把钱投向有更多市场和更多利润的地方，因此对投资重工业的选择是非常谨慎的。如果企业把钱投资到重工业，虽然生产的产品一开始可以由国家全部购买下来，但是由于重工业产品相对损耗较小，不久之后市场需求减少，过多的产品就会慢慢堆积起来，国家也不可能无限制地购买产品。那时，即便生产出再好的重工业设备，也会因缺乏市场而"英雄无用武之地"。而等到那时再转型，会给企业带来不可估量的损失，甚至造成毁灭性的打击。

李秉喆后来在谈到三星如何选择市场的时候，说："有一些声音反对三星在轻工业上的大量投入，我可以明确地回应——这是不负责任的声音！如果在三星起步时，我们就从事重工业来制造大型机器，怎么可能走到今天？战后很多问题依然存在，无一例外会成为企业和市场的隐患。如果我们仅凭着一腔热血而不考虑市场和国家的实际状况就去投入重工业项目，怎么能不失败呢？所以不管做什么生意，首先必须要考虑市场的长久性。"

2. 三星电子的成立

1969年1月13日，李秉喆创办了三星电子，同年又出资2 500万美元（占50%股份），与日本三洋电器（占40%股份）、住友商社（占10%股份），于1969年12月4日成立了三星三洋电器。而现在依然是三星集团支柱企业的子公司三星电子，则是由前两者在1977年合并而来的。

三星电子虽然挂牌成立，但其最初的主要业务，是为日本三洋公司贴牌生产黑白电视机。三洋公司创建于20世纪50年代，算起来比三星成立还要晚十多年，但是由于三洋自创始之初就一直从事机电行业，"多年的媳妇熬成婆"，20世纪70年代的三洋已经发展成为上市公司，在加拿大、巴西、美国以及中国香港、中国台湾等地建立了众多分公司，在机电行业里占有举足轻重的地位。但即便如此，当时三洋公司的某些产业链仍不健全，然而其家电的市场需求量又非常大，要进行市场上全面的产品布局是件很难的事情。因此，为了提高其竞争力，三洋必须在外寻求一些产品的代工。三星才刚刚成立，没有过硬的技术也没有稳定的产品，为三洋代工是一个很不错的选择，不用花钱开拓市场就能够获得利润。再加上此时，韩国政府的政策是鼓励出口，大量生产也是当时三星顺应政策的选择。

三星集团初涉电子行业，在当时来看虽然说是又开拓了一个新的领域，但实质已经发生了根本的变化——由单纯的贸易转向制造业，向实业发展。前期虽然是借助三洋的市场为别人做贴牌生产，但在这个过程中积累起来的经营资本与实力，为后来三星成为此行业的领导者奠定了坚实的基础。

这一时期，三星公司并没有停止一贯的遍地撒网的扩张。三星通过不断地投资新行业，使企业在不停的运动中扩大其多元化的经营：1973年，韩国政府为了推动经济进一步发展，实现高度的经济独立，决定鼓励重化工业发展。三星响应政府号召，1973年8月，提出了"第二个五年管理计划"，对重工业和化学产业进行了集中投资，并决定设立造船部。三星还成功实现了纺织品从原料到终端产品生产的一体化。1974年，三星最终还是没舍得"重工业"这块肥肉，成立了三星重工业公司。同年，购得了韩国半导体公司50%的股份，五年后收购了其剩余股份，将其变成了三星的独资企业，开始了三星电子在半导体领域的神话。1977年，三星投资造船工业，成立了造船厂和三星精密机械株式会社（今日的三星Techwin）。1978年，三星半导体从三星电子中分离出来独立运营。1983年，三星成功开发了64K DRAM 和VLSI芯片，开始在国际半导体市场崭露头角，成为全球半导体领先厂商并进入全球科技市场。1985年，三星数据系统公司（今天的SDS）成立。1986年三星经济研究所和1987年三星综合技术学院的成立，促进了三星在电子、半导体、高聚合物化学、基因工程、光学通信和航空工业等领域的扩展，为集团日后的发展打下了坚实的技术基础，三星甚至打算将其技术扩展到太空项目，比如，月球与火星探测器之类的产业。据统计，20世纪90年代，三星旗下的产业有：食品、纤维业两家，电器、电子厂七家，重化工业五家，广告业一家。三星多元化的扩张是一把"双刃剑"：一方面迅速积累了大量的资本，另一方面也为公司今后整体经营和发展带来了隐患。

三、从地摊货到潮流代言

　　无论付出多大代价，我们都要努力向所有顾客传达一个新的信息，那就是三星不再是一个廉价的品牌，而是高品质、高性价比的高端产品。

——三星企业训言

1．地摊上的廉价产品

　　20世纪90年代，三星的业务范围已经远远大于给三洋公司生产黑白电视机，它在半导体行业发展迅速，占有一定的市场，也开始给一些世界大牌制造芯片等。但三星的定位并不清晰，盲目地效仿同时代的企业，在产品数量上下功夫而不是提高生产质量，通过大规模的生产来降低生产成本，采用的是在市场上以低价竞争的方式赢得更多的市场份额。这样的策略虽然使三星在短期内获得了巨额的利润，但是供大于求的状况不仅使其产品积压严重，更让三星的产品在市场上与廉价的地摊货联系在了一起。

　　在当时，三星的品牌一直无法与世界一流品牌相提并论。在西方人的心目中，三星只是一个模仿别人制造廉价微波炉或者其他廉价产品的公司。在美国，三星更是被看作地摊上的廉价产品。在美国的大型超市里，由于三星产品积压过多，顾客总能够看到三星在打折，因此美国人就不会去关注其产品的性能究竟如何，而是把三星看作地摊上的廉价产品、只有来自中下层的人们才会购买的产品。三星在很长一段时间里并没有认识到这种状况的严重性，因为毕竟在韩国境内它是屈指可数的大公司。有一次三星的一个经理率领考察团去纽约考察，他们来到纽约的一家大型超市，找了很久才在电器区的一个角落里找到了三星的产品。尽管柜台上打着热火朝天的打折信息，但并没有招揽来多少顾客，销售人员也很清闲，有些过季的产品上还布满了灰尘。这个经理觉得很奇怪，就在商场里随机采访了几位顾客，询问他们是否愿意买三星的产品。几位顾客的回答几乎都是："三星？我没有听说过这个品牌，我希望买一个好一点的东西，而不是一个打折的廉价品……"这个事件犹如当头一盆冷水，让三星对自己产品的定位开始警醒。

亚洲金融危机之后，三星企业也遭受了重创，原本采取的以数量取胜的策略已经使企业完全陷入了恶性循环中：低层次的生产导致低定价，低定价导致低利润，低利润只能维持较低级的生产，进而导致产品质量大打折扣，品牌知名度局限在小范围内……面对这种情况，李秉喆提出"为了图谋出路，并开创韩国经济的第二次起飞，我们只有走开发尖端科技这一途径"。于是痛定思痛，三星决定对自己的产品质量、营销策略进行全方位调整。经过深入分析，三星决定从研发、品牌、营销等多个方面入手，改变三星在市场上的定位。首先是研发，设计生产出质量过硬、技术先进的产品是基础。其次是品牌，极力打造知名品牌 —— 研究表明，一个有知名度的品牌带来的收入要比同类普通品牌多一倍。再就是营销，采取积极有效的营销策略 —— 同样的产品，通过不同的营销渠道和方式，利润差额非常巨大。在新思路的引导下，三星从超市（如沃尔玛）撤出了自己的产品，在高档商场里设立了专柜，在繁华的商业区建立了专卖店。这样做的原因，是因为去大型超市的顾客大部分首先考虑的是价格，其次才是质量；而三星首先就是将顾客的注意力转移到三星产品的质量上面去。当然其产品的价格也迅速提高，一方面为了获得更多的利润，另一方面则是要改变三星廉价的形象。由于三星集团投入巨资发展尖端科技，加之引进美国先进技术，使韩国成为继美、日之后，第三个能独立开发半导体的国家。"三星"由于实力强大、经营健康，被称为"韩国业界的大白鲨"。

以三星手机为例，当诺基亚、摩托罗拉等这些大品牌在手机市场里呼风唤雨时，三星一直避免与其竞争；而在廉价手机的市场，三星手机成了廉价手机的代名词。为了改变这种状况，三星突然决定不再生产廉价的手机，开始把主要精力放在日趋成熟的中高端手机市场上。三星通过不断开发新的技术，通过品牌策略来和诺基亚、摩托罗拉等品牌争夺中高端市场。而现在，随着诺基亚塞班的衰亡，三星已然成为苹果之后据占手机市场份额最大的品牌，三星手机销售收入占三星集团总收入的1/3。

2．年轻、流行、时尚数字先锋

"无论付出多大代价，我们都要努力向所有顾客传达一个新的信息，那就是三星不再是一个廉价的品牌，而是高品质、高性价比的高端产品。"为了做到这一点，三星在德国、英国、法国、美国等西方市场上的广告宣传、销售渠道等方面进行了大量的投入，目的只有一个——建立三星"高端"形象。即使是三星生产的生活小家电，如家用电话、多媒体播放器，也都在技术和外观上进行了大量的革新，不仅要求产品质量过硬，还要求外观时尚，能够引领潮流。

除此之外，三星还在营销策略上进行了大幅度的调整。以前的三星并不注重广告，公司的日常广告业务也是交给几十家普通的小广告公司来打理。但在一次次的考察中，三星发现同行业的竞争者如松下、索尼等，在各大市场上的广告铺天盖地。比如，在纽约随便一条商业街上，一定能找到索尼、松下巨大的广告牌；一些重大的世界性的活动，也总少不了这些竞争对手的冠名。而三星，过去在这方面没有足够的重视，每年的广告投入相对较少，广告覆盖面较狭小，广告质量也相对差些。

说改就改，三星立即行动，首先评估了合作的几家广告公司，最后谨慎地选择了一家影响力最大的广告公司来统一包装，这样便于在各大市场上形成固定的形象宣传，容易给顾客留下一致的印象。在盐湖城冬奥会时，三星领导人做出了一个大胆的决定，投资1 500万美元赞助冬奥会，这着实让下属们非常不解：这对于一直"务实"的三星人来说不是"拿钱打水漂"吗？但当时的领导人顶住了压力，毅然决定拿下这次赞助。结果证明，正是因为这次赞助，让美国人一下子重新认识了三星，从而使其知名度迅速提高。

　　初战告捷让三星尝到了甜头，在之后的营销策略中，赞助体育比赛——特别是那些有国际影响力的体育比赛——已经成为三星营销的一大法宝。其中让人们记忆深刻的三星赞助有汉城亚运会、汉城奥运会、广岛亚运会、亚特兰大奥运会期间的亚特兰大展示会、曼谷亚运会、长野冬季奥运会、北京奥运会等。有数据表明，三星每年花在市场营销上的费用约20亿美元，光体育赞助就占到3亿~4亿美元。

　　为什么三星会将体育营销作为重点呢？首先，国际体育比赛是能够唤起世界性共鸣的活动，在体育比赛中最能使人们共享正面的能量，也最能够获得普遍认同。其次，作为体育比赛的赞助者，其公众形象也能随着比赛的备受瞩目而广泛传播。2002年10月23日，国际奥委会宣布，三星电子正式签约赞助2006年第20届都灵冬季奥运会和2008年第29届北京奥运会，从而再次延续其全球奥林匹克赞助商的身份。这个消息一经公布，世界惊呆了，韩国却在欢呼。要知道，在奥委会挑剔的选择之下，每期只有10~12家国际一流企业能作为候选者。而三星却能够延续这种身份，只说明了一点：三星和可口可乐、柯达这样的顶级品牌一样，已经跻身于世界一流的行列之中。三星在冬奥会上推出了"三星与奥林匹克之约计划"，充分展示了三星的企业价值和伟大蓝图，并将这些内容与奥林匹克精神嫁接在一起，迅速吸引了一大批消费者的眼球。而三星也在这个过程中建立了"年轻、流行、时尚数字先锋"的形象。据美国专业的调查机构Interbrand公司和美国著名的专业经济杂志《商业周刊》在"2002年度世

界100大品牌"的评选的结果，韩国三星电子的品牌价值为83亿美元，居

"世界100大品牌"第34位，在短短三年内上升了八位。三星终于从地摊

货走向了国际市场的前端。

三星创始人李秉喆

第二章

巨人新坐标

一、二次创业

2006年，三星集团成为全球第35大经济体，若以国家来排名，将高于阿根廷。

——维基百科

1．李健熙继任

三星第一代领导人李秉喆带领三星走过了一个辉煌的时代，三星的产业从小食品到航天工业都有所涉足，成为一个极其庞大的产业帝国，三星集团成为韩国最成功的企业，李秉喆本人也因此被人称为"创业鬼才"。1987年11月19日，李秉喆会长在执掌三星集团近50年之后撒下大业，与世长辞，他的第三子李健熙接过了三星的掌门之位，从此带领三星进入了一个新的阶段。

李健熙二十多岁时就在三星企业里工作，转换了许多岗位，对三星的各个岗位的职责、各个层次的管理都有着较为清晰的了解，并且跟随其父学到了丰富的管理经验。但这个拥有三十多家子公司的大公司，能人遍地都是，更何况三星也是传统的韩国企业，企业高层之间人际关系错综复杂，家族利益纵横交错，所以李健熙在上任之初并不能服众。但李健熙有自己的想法，那就是一定要把三星做成世界一流的企业。李健熙经常教导属下，要他们不仅把三星视为一个企业，更要把三星看作国家经济的一部分，甚至世界经济的一部分。他这样高瞻远瞩的眼光也许并不一定能让属下及时理解，但他只需要属下能够严格执行他的每一个命令即可。

"新官上任三把火"，李健熙的第一把火就烧得令人瞩目。他关闭了三星集团里一个养猪场，并将企业相关的业务大规模地放出去，等于放掉了近亿元的收入。李健熙用这个"下马威"告诉三星里的其他人，他就是要引领三星进入一个新的时代，企业不仅大更要精，要把资金、资源集中在某一部分产业上，而不是面面俱到什么都做。他这样做的原因，是要让三星的经营目标更清晰。当时三星经营的品种实在太过多样化，遍及韩国人民生活中的各个领域，定位非常模糊。普通老百姓提起三星，众说纷纭：有人说"哦，三星是做糕点的"，也有人会说"是生产手机的"、"是生产飞机的"……不仅如此，三星与世界大公司的合作也有多种合作形式，有代工的企业，也有股份制的企业。李健熙认为，三星要成为世界一流企业，绝不能什么都做，一定要知道自己是谁——能够做什么，不能够做什么，适合做什么，不适合做什么，只有定位清晰，才能得到长远的发展，否则会造成"贪多嚼不烂"的局面。

1988年，三星成立50周年，李健熙在对冗繁的旗下企业进行了一系列的调整后，借着企业50周年庆典提出了一个大胆设想："进行二次创业"，重组旧业务，拓展新领域，并将三星的发展方向定为做"21世纪世界超一流企业"。

2. 继任者的二次创业规划

进行二次创业的第一步，就是要使三星的发展目标更加明确。李健熙快刀斩乱麻，对三星原有的超大规模业务进行了"瘦身"，甚至几乎要颠覆原来的产业结构，建立新的产业结构。在这次业务结构大调整中，李健熙首先将电子业和物产业作为整个集团业务的重中之重，即主打业务；而其他效益不好的业务或者砍掉，或者外放给下属企业。继而他将所看重的电子企业进行了从里到外的"大换血"，合并了电子、半导体和通信公司，建立了新的三星电子，并将新三星的目标明确定为：世界五大电子企业之一。

同时，李健熙还高薪聘请了日本的技术顾问，对三星当前面临的主要问题进行了考察评估，发现了许多之前没有注意到的问题。比如，三星的职员有着普遍的企业骄傲感，面对一个新事物或者是新的产品，第一反应都是寻找这件产品存在的缺陷，从各个角度批判生产化产品的可行性。虽然批判能够使产品精进，但是三星人的普遍骄傲感已经使三星产品的传播和创新受到了阻碍。三星集团规模庞大，旗下某些企业难免会出现问题，评估发现，出现问题的主要原因是许多企业的预见性不足，防范工作做得很不到位，对产品、市场的预期不够合理，出了问题调用资金跟不上。只要有资金能够周转，就很少会对这些问题进行深刻的反思和改进，因此造成问题层出不穷。三星的中层管理者为了追求短期的利益，往往不能从大局着眼，考虑三星集团的长期发展，因而做出很多不合理的决策，导致企业长期的利益受损。

李健熙的改革在一开始就遇到了相当大的阻力 —— 不仅来自家族，

更来自三星企业上下各层次的员工。大家都认为李健熙的行为引发了三星的"大地震"，不是要改革三星，而是要摧毁三星。在巨大的压力下，李健熙也度过了一段相当难熬的日子，他一下子觉得自己手中的这个企业根本就不是父亲交给自己的那个三星，他甚至一度怀疑自己的想法是否可行。可压力归压力，成功的人总是能始终如一地坚持自己的想法。他并不认为自己改革的思路是错误的，而是觉得需要运用更好的方式，因此他把目光投向那些当时已经是世界一流的企业，想从世界一流企业那里取经学习。

3．李健熙的"新经营"运动

李健熙首先率领考察团对美国市场进行了考察。在美国他们发现，三星的产品并没有想象中的那样受欢迎，知名度也不如通用、飞利浦、松下、索尼等。为了搞清楚其中的原因，李健熙在洛杉矶聘请专家对三星和其他公司的电子产品进行了对比评估。评估发现，三星的产品在外观设计上明显要保守得多，而且也没有什么能够让人记住的亮点和特色；而质量也是中规中矩，很多产品还不及其他公司。倒是价格和折扣最有竞争力，但考虑一下性价比，顾客还是会选择那些世界一流公司的产品。考察完美国市场，李健熙得出的结论是：一定要抛弃原有的产品，重新做世界一流的产品，这才有了后来的"孤注一掷"策略。

当时日本，电子企业发展很成熟，松下、索尼已经是世界一流公司，因此向日本企业取经也是李健熙的重点。1993年，李健熙率领考察团前往日本，参观了富士通、索尼等企业，对它们的生产、管理等环节一一进行了了解。他想方设法弄到了这些公司较为详细的数据，进行了充分的对比分析，用他的话来说："这些数据就是三星竞争力的源头。"在对日本企业的考察中，李健熙还聘请了日本的专家作为三星的顾问，与这几位专家在酒店里进行了12小时的头脑风暴式的会谈。会谈之后，李健熙对三星的经营与设计有了新的决策，这些决策包括产品研发的流程、技术的创新机制、管理方案、企业文化建设等诸多方面。

接下来，李健熙飞往德国，一方面是为了参观访问德国企业，另一方面还要处理一件大事，那就是三星生产的几十万台洗衣机被检查出来不合格。在德国法兰克福，李健熙审阅了洗衣机的检查报告，考察了洗衣机生产的各个过程，并召集各高层开会。在会议上，李健熙将报告书摔在桌子上大发雷霆，最后决定召回不合格的产品，并将几十万台洗衣机就地销毁。这件事立即引起了世界轰动，消费者对三星这种勇于承担责任的做法给予了好评，三星也趁机化解了这次危机，并由此树立了全新的形象。也正是在这次考察中，李健熙更加坚定了改革的决心，回到韩国，立刻展开了著名的"新经营"运动。

4．跻身世界500强

1996年，三星集团跻身全球第五大集团，包括多个下属公司及若干其他法人机构，在近70个国家和地区建立了近300个法人及办事处，员工总数达到19.6万人，共有62个子公司，总资产高达2 808亿美元（2007年），集团员工平均年薪高达7 130万韩元（约合人民币40万元）。三星以312亿美元在韩国出口额中占了18.1%，而在2004年更达到592亿美元，为出口额的20.7%。在2003年韩国政府税务预算中，三星占了6.3%的税额。

2006年，三星集团成为全球第35大经济体，若以国家来排名，将高于阿根廷。而韩国在美国注册的8 782项专利中，有3 611项是三星电子所申请的，所占比率超过40%。从1999年的31亿美元，到2006年的162亿美元，三星的品牌价值增长了五倍之多。2002年，三星电子的市值首度超越日本索尼；四年后，三星电子跻身千亿美元俱乐部；2009年，市场不断预测三星电子终有一天可能取代半导体龙头英特尔的地位。自2001年起至2010年年底，10年间，三星在半导体的营收成长高达355%，排名世界第二，与龙头英特尔相比，市场占有率仅有4.1%的差距。

三星集团旗下有三家企业进入美国《财富》杂志2003年"世界500强"行列，其中三星电子排名第59位，三星物产为第115位，三星生命为第236位。2003年三星集团营业额约965亿美元，品牌价值高达108.5亿美元，在世界百大品牌中排名第25位，连续两年成为成长最快的品牌。集团旗下的旗舰公司——三星电子在2003年《商业周刊》IT百强中排名第三，日益成为行业领跑者，其影响力已经超越了很多业内传统巨头。

三星有近20种产品世界市场占有率居全球企业之首，在国际市场上彰显出雄厚实力。以三星电子为例，该公司在美国工业设计协会年度工业设计奖（Industrial Design Excellence Awards，简称IDEA）的评选中获得诸多奖项，连续数年成为获奖最多的公司。这些证明三星的设计能力已经达到了世界级水平。2003年三星在美国取得的专利多达1 313项，在世界所有企业中排名第九。

　　该企业品牌在世界品牌实验室（World Brand Lab）编制的"2006年度世界品牌500强排行榜"中名列第26位，在《巴伦周刊》公布的"2006年度全球100家大公司受尊重度排行榜"中名列第42位。

二、一切都要变

除了老婆孩子，一切都要变。

——李健熙

1．坚决不让质量打折扣

1993年，三星宣布实行"新经营"。"除了老婆孩子，一切都要变"这句疯狂的口号是李健熙为了开展他的"新经营"理念而喊出来的，一时间在韩国成为一句流行语。李健熙在企业大会上说："三星有几十万名员工，却像一盘散沙，人多不但没有力量大，反而相互制约导致我们企业停滞不前。现在每一个人都要动起来，都要按照三星的全新理念进行改变，齐心协力，向世界一流企业冲刺！

"我们的目标是让三星人都能过上好日子，因此要进行人、组织、配置等的复合安排。

"三星要把最好的产品带给消费者，满足消费者的需求。这就首先要求三星人每个人都成为优秀的员工，每个人都要改变。不仅是普通的员工，每一个管理人员也都要准确传递三星的理念，引导每一层下属做对的事情。

"企业一直在变化中，像有机体一样有新陈代谢，有生老病死，我们要不断进行自我反省，时刻有危机意识。安于现状就等于自杀。"

这是一场旨在通过从员工个人到整个企业的积极变化来实现从"数量经营"到"品质经营"的转变，并由此实现成为世界一流企业梦想的经营革新运动。以"新经营"为契机，三星开始进行全方位的品质经营和世界顶级战略，并实施了"选择和集中"的业务发展策略，对发展不顺利或者前景不看好的业务及时进行清理，对前景乐观的业务进行集中的投资，加强研发的力度。在强化品质方面，三星电子、三星电机等实行了"停线"机制：如在生产流程中发现不合格产品，整个生产线都会被停下来，直到问题被解决。为了提高服务质量，三星人力开发院为所有的三星客户服务人员提供客户服务的讲座。三星旗下的新罗饭店还为三星生命、三星证券和三星信用卡的雇员提供礼仪培训课程。

除了这些，李健熙还清晰地提出了三星的下一个目标：在新世纪到来时步入"世界十强企业"的行列。

李健熙针对"新经营"做了很多场演讲，这些演讲不仅在三星企业内部掀起了狂风巨浪，也在整个韩国引起了热烈的反响。这个营销天才在几场演讲结束后迅速让手下将演讲的内容整理成书籍，发行了50多万册，并且翻译成英文、日文等五六种版本在海外出版。李健熙做这件事情的目的当然不是为了赚钱，而是借助图书的力量让三星人及其合作伙伴甚至是普通民众迅速了解三星的新运动。在这样的大力推广之下，"新经营"这一理念深入人心，并在管理学界掀起了一番研究和学习的热潮。不仅如此，"新经营"所倡导的企业制度、企业核心价值观、企业管理等新的理念也随着这50多万册书一起构成了三星企业文化重要的一部分。

新经营的一个重要部分就是从意识形态入手，梳理三星几十年来的核心价值观，营造新时代的三星企业文化。为此，三星专门成立了文化研究部，并且让文化研究部的办公室遍及了每一个分公司。

李健熙曾经花了近10个小时来跟部下强调改革只能让质量更好，坚决不能让质量"打折扣"。为此他将公司原来评估员工工作效率的标准由生产数量改为了合格率，将日本丰田"生产线停止制"引入了三星企业。为了宣传"质量第一"的思想，他让几百名员工头戴印有"质量第一"标语的发带在公开场合销毁三星不合格的产品，场面相当壮观。

2．引进六西格玛

三星的专家顾问向李健熙提交了一个报告，报告表明三星搞研发生产的人员数量与售后服务的人员数量比例是5∶1。李健熙拿到这个报告后，立即召集高层管理人员开了一个紧急会议。在会议上，他把这一数据展示给近百位管理者，并展示了竞争对手的相关数据。大家发现竞争对手的这个数据刚好相反。李健熙向大家提出了一个个问题："这组数据的对比说明了我们的经营管理中存在着什么问题？""请问我们如何才能竞争过对手？"答案是售后服务不足，售后服务投入的资金太少，重视程度不够。生产研发固然是企业经营的重要方面，但售后服务的不足可能会在企业扩大生产后期牵制企业的进一步发展。会议之后，三星做出重大的决策：投入大量的资金来建立售后服务，保证服务的质量和品质。经过几年不懈的努力，三星终于做到了哪里有三星的产品卖，哪里就能够找到三星的维修点，使得三星这一品牌更加深入人心。

三星还引入了由摩托罗拉公司比尔·史密斯提出的"六西格玛（6σ）管理法"，目的在于更加有效地组织三星公司的质量管理。六西格玛是在20世纪90年代中期开始的一种改善企业质量流程管理的技术，以"零缺陷"的完美商业追求，带动质量成本的大幅度降低，最终实现财务成效的提升与企业竞争力的突破，并提供了一系列同等的适用于设计、生产和服务的新产品开发工具。这种管理法以顾客为主体来确定企业战略目标和产品开发设计的标尺，追求持续进步。该管理法在摩托罗拉、通用、戴尔、惠普、西门子、索尼、东芝等众多跨国企业的实践中被证明是卓有成效的。三星引进了"六西格玛管理法"，监控每一个生产过程中的缺陷，将每一个缺陷带来的不良后果尽量"扼杀在摇篮里"，大大降低了生产中出问题的风险，提高了生产质量。

为了提高客服的服务质量，三星组织了大量的人力对客服人员进行了礼仪培训。培训内容从客服的衣着到仪态，面面俱到：

在工作中必须考虑到周围的事、上司和顾客，时常注意自己的容貌和服装，使人产生好感。

男员工和女员工的服饰都应该按照统一标准来穿着。

正确的姿势相当重要，它显示出本人在工作环境里的庄重性，以及向对方表现出的尊重和好感。

习惯化的问候可以使阴暗的性格变得明朗，使消极的人变得积极，使安静的人变得活泼，使忧郁的人变得开朗，使封闭的性格变得开放。

工作中必须使电话礼仪到位，给对方留下一个好印象，保持沟通渠道的良好和畅通。

在工作中，不仅要养成亲切待客的态度，而且要学会礼貌待客的介绍方法，使客人留下对三星人的好印象。

遵守迎接客人的"3S准则"：起立（stand up），注视（see），微笑（smile）。

从上司那里接受命令和指示时，必须尽可能快速准确地把握上司的意图，必须充分领会命令的内容。

3．改革上下班时间风波

李健熙的改革不仅针对公司整体的运营和管理，更落实到了每一个细节，一时间，许多人把他称为"改革疯子"。有一天李健熙上班时遇上交通高峰期，被堵在了路上，花了比平时多一倍的时间才到公司，并且被搞得心情很差。他发现这种情况在公司比比皆是，很多人因此而迟到被罚款，带着情绪工作，自然会影响工作效率。一个新点子产生了——他决定改变公司的上下班时间。1993年夏天，他对公司宣布了改革上下班时间的决定，即将上班时间和下班时间都提前两小时，而保持总的工作时间不变。这个牵动几十万人的改革决定一发出，立即引得员工褒贬齐发，赞扬者认为节省了时间和力气，反对者则暗骂资本家剥削本性难改。但月终业绩数据表明，员工的工作效率确实有所提高。这项改革进行了四五年，公司的业绩确实有所提升，但受职员抗议和工会的压力，于1998年逐步废除。同时，三星也制定了许多政策，鼓励员工自我开发和学习。比如，公司开设有各种培训、学习班，并规定如果员工参加外语学习，企业可以报销一半的费用。

三星的"新经营"运动为三星带来的改变无疑是翻天覆地的，有人称比"新经营"之前50年创造的改变还多。在"新经营"实施过程中，三星通过业务结构、人才培养、产品设计生产、流程控制等多方面的变革，强化了企业的经营基础。这样一场运动，不仅从宏观上对三星整体的业务结构进行了调整，更通过意识形态的改变，使其慢慢渗透到每一个三星人的生活中，甚至影响到了三星之外的韩国人民。三星人经过艰难的改革"换血"，已经变得比以前更加灵活，更能够适应当今瞬息万变的市场。而总目标"做世界一流企业"则时刻激励三星人在工作中追求极致，在业余时间利用更多的机会去拓展自己。可以说，三星经过这一场运动已经进入了良性循环，轰轰烈烈地继续前进。

在1994—1996年的三星"新经营时代"中，17种不同的产品，从半导体到计算机显示器，从TFT-LCD显示屏到彩色显像管……在其各自领域中，产品的全球市场份额跃居前五位。12种其他产品也在其各自领域中名列前茅。在一些领域，比如LCD等，三星从一开始就是第一。自1993年进入LCD领域以来，三星就毫无争议地成为世界领导者。另外一个实例是三星重工业的钻井船，自从三星开始进入这个领域，就拥有了世界市场60%的份额。

三、模仿就是为了创新

三星就是要学习世界一流的技术、一流的管理，不怕模仿，我们模仿是为了超越和创新。

——三星

1. 向索尼学习

三星的两代领导人都特别强调企业的包容性，他们都认为这个世界上没有哪一家企业能够独立存在，没有哪一种技术能一直保持绝无仅有。因此，向比自己强的企业学习，被视为三星进步的一个条件。三星领导人曾经自豪地宣布："三星就是要学习世界一流的技术、一流的管理，不怕模仿，我们模仿是为了超越和创新。"果然，三星在成长的过程中不断学习和模仿世界上掌握各领域关键技术的企业，并且不受行业限制地去学习。

三星第一个学习的就是它同行业最大的竞争对手——索尼公司。索尼公司是世界上民用及专业视听、游戏、通信产品关键零部件和信息技术等领域的先驱之一。它在音乐、影视、计算机娱乐以及在线业务方面的成就也使其成为全球领先的电子和娱乐公司，卖的是个人体验、电影、VAIO、PlayStation、Walkman等。它们不是维持人类生命的必需品，它们存在的理由是创造人们的欲望，进入他们的生活，提供一种梦想。为了达到这个目的，索尼的研发人员得保持充满好奇和欢乐的赤子之心，给予人们一种像孩子般无忧无虑的快乐生活。

三星通过对索尼的考察和学习，认为其成功的主要原因有三：一是产品结构的完整，在数码和网络的整合中，电子产品是一个很重要的部分，因此搭建一个能支持这个产品的完整的产业结构，才能保证产品能够及时满足市场的需求变化；二是核心零部件技术，必须在市场上有独立的地位；三是技术版权，一定要有属于企业自己标志性的专利。

因此，三星积极与索尼进行技术合作，同时完善自己旗下的产品结构，使三星能够生产满足自身需求的电子、数码产品，并且保持一致的更新速度。在技术研发方面，三星开始不断追求创新，同时大量投入到尖端技术的研发当中，获得了20多项世界第一的技术专利。

2．向西屋电气学习ERP技术

西屋电气公司（Westinghouse Electric Corporation）是世界著名的电工设备制造企业，三星向西屋电气学习的是其成熟的ERP技术。ERP是Enterprise Resource Planning（企业资源计划）的简称，是根据计算机信息、IT技术发展及企业对供应链管理的需求，预测在今后信息时代企业管理信息系统的发展趋势和即将发生的变革提出的概念。 ERP是针对物资资源管理（物流）、人力资源管理（人流）、财务资源管理（财流）、信息资源管理（信息流）集成一体化的企业管理软件。它包含客户／服务架构、使用图形用户接口以及应用开放系统制作。除了已有的标准功能，它还包括其他特性，如品质、过程运作管理以及调整报告等。

三星模仿西屋电气的ERP系统，投入了6亿美元来建设自己的企业ERP，花了8年的时间终于建成了三星的全球ERP系统。三星的全球ERP系统不仅包含销售、库存、物流、财务、成本管理、生产、企资管理的各个环节，还能与产品开发工程及管理系统构建成一个完整的研发系统。三星电子的分支机构遍布全球，这样一来，三星的各支数据都被有条理地联系在一起，并且所有相关数据都被有规则地更新并存储在应用程序模块中，每做一次修改都能使相应功能区的数据自动更新。系统会实时地反映生产、库存状况，再把这些数据反映给销售，销售数据也会反馈到系统当中。这样就使得三星电子的全部业务都构筑在同一系统之中了。

3．向施乐学习CSMC

美国施乐公司（XEROX）是全球最大的数字与信息技术产品生产商，这家公司具有一套非常完善和成熟的客户反馈处理系统CSMC，实时地对客户反馈进行快速跟踪和处理。三星本着为客户考虑的原则，自然对CSMC"垂涎已久"。三星聘请了曾经在施乐公司负责CSMC开发的Mr. Kim为三星公司美国分公司的副总裁，全面领导三星公司的质量改善工作和客户满意度管理中心。

Mr. Kim把施乐公司的客户满意管理系统引进了三星，使三星的每个产品分部都有一个客户满意度小组，负责管理本部门的产品质量和可靠性。每个小组直接向总裁部门报告。CSMC定期对三星每种产品的质量状态进行评审，选出"三星质量奖"的优胜部门。CSMC还针对公司的质量方面制订教育和培训计划，为不同的产品部门提供有关质量和产品可靠性的咨询服务。每个产品部门都要针对CSMC提出的建议实施必要的纠正措施。

4．向玫琳凯学习直销物流方式

玫琳凯公司是世界上最大的护肤品和彩妆品直销企业之一，三星对这家八竿子也打不着的大公司感兴趣的是其高效的直销物流。企业在物流服务、管理、技术和经济四个方面必须选择优化。像玫琳凯这样的直销企业，通过物流服务为消费者提供物流产品，在经济效用原则指导下，通过管理和技术，实现消费者的效用最大化，满足消费者的要求，同时实现直销企业的利润最大化，从而促进物流产业经济的不断发展。三星正想要在世界的各个销售区建立这样多赢的物流方式。

三星公司学习和借鉴了玫琳凯的物流方式，扩展和强化了三星公司的物流网络，同时建立了一个全球物流链使产品的供应路线最优化，并开发了全球物流网络上的集成订货—交货系统。从原材料采购到交货给最终客户的整个路径上实现物流和信息流一体化，这样客户就能以最低的价格得到高质量的服务，从而对企业更加满意。这一借鉴最终使三星降低了成本，缩短了前置时间，减少了40%的存货量，并使三星公司获得首届韩国物流大奖。

5．向惠普学数据管理

惠普公司是一家全球性的资讯科技公司，实施了数据管理系统（PDM）。PDM以软件为基础，是一门管理所有与产品相关的信息（包括电子文档、数字化文件、数据库记录等）和所有与产品相关的过程（包括文档发放流程和更改流程）的技术。它提供产品全生命周期的信息管理，并可在企业范围内为产品设计和制造建立一个并行化的协作环境。

数据管理曾是三星公司非常薄弱的环节，为了增强对这一块的管理，三星在全球范围内找到了惠普公司这样优秀的产品管理者，"照猫画虎"地导入了PDM系统，对产品零部件的信息、物料清单、计算机辅助设计文件等与产品生产相关的所有信息进行监控，最终实现了对项目、工作流程、工程图档、产品配置等内容的有效管理。

6．向3M学创新

3M公司是世界著名的产品多元化跨国企业，在其一百多年的历史中开发了6万多种高品质产品——世界上有50%的人每天直接或间接地接触到3M公司的产品——连续多年被评为"全球最具创新精神的20家公司"之一。三星看重的正是这家公司的创新精神。

3M的管理人员相信，建立有利于创新的文化氛围是非常重要的，要尊重个人的尊严和价值，鼓励员工各施所长，提供一个公平的、有挑战性的、没有偏见的、大家分工协作式的工作环境。在公司规模还不大的时候，实验室主任便在每星期五的下午召集员工坐在一起，大家边喝咖啡边演示自己的研究计划。让大家聚在一起通常会产生意想不到的效果，公司每天都会产生各种各样的新思想和新技术。直到现在，3M的管理人员还会通过各种会议、跨学科小组、计算机网络和数据库等方式将大家聚集在一起。

三星领导人对3M的创新文化非常有兴趣，尽管作为韩企不能完全模仿

3M美式的自由主义风格，但三星还是采取了一些措施，鼓励员工们创新。

谦虚使人进步，正因为四处向世界一流的标杆企业不断学习，三星才能够快速成长为一个全能性的超级企业，才能够一次又一次地经受住了市场的动荡。因此，我们说：三星一直在模仿，也一直在超越。

四、走过危机，领跑时代

　　三星集团会长李健熙的"李式危机论"在韩国企业界久负盛名。他总是告诫三星人"如果只对眼前沾沾自喜，三星随时可能陷入危机当中，必须仔细思考未来10年三星的立足之本并时刻为之做好准备"。三星的一次次重要转机也是在这种危机意识驱使下实现的。

1．裁员

　　1997年的亚洲金融危机，几乎是每一个涉足商海的人都难以忘记的大事件。危机席卷整个世界，给各国企业带来了深重的灾难和影响。韩国在金融危机前，主要由政府来分配国家资源。但当金融危机来临时，所有的银行，还有政府，不能再给这些企业以帮助，导致了许多企业的破产。更为严重的是，当时韩国银行50%以上的贷款都是通过政治力量借给了大公司，金融危机袭来，这些大公司一方面负债太多，另一方面经济增长速度放慢，故而陷入了困境，不能偿还贷款，这样银行也随之破产了。如韩宝集团等大公司陷入危机不能履行还款义务后，韩国两大商业银行——韩国第一银行和首尔银行只能破产，进而触发了更为恶劣的连锁反应。在这种情况下，三星也受到了严重的影响，业务全面告急，负债达到了净资产的

3倍之多，一个月的亏损就达到1 700亿韩元。

面对这样的危机，李健熙为了获得现金推进转型，将每年销售额达5亿美元、净利润过1.2亿美元的富川半导体工厂卖给美国仙童公司（Fairchild）。之前由于拥有过多的企业业务，生产管理不善导致库存严重，加上当时三星大量投资汽车行业，在金融危机中受到了重创，最后不得不贱卖部分子公司还债。此时，李健熙拿出了几十亿韩元的个人资产来帮助三星渡过最危急的时刻。他说："既然当初的投资决定是我做出的，那么此时导致的危机也该我来承担。"他的这种行为也获得了《财富》杂志的好评。

尽管如此，金融危机还是使三星不得不做出裁员的选择。三星对旗下非重点的大小企业进行了整顿，裁员共5万多人，裁员幅度超过了30%，并收回了之前许诺的搬家贷款。这是三星发展史上相当黑暗的一段时期，三星公司从1997年至1998年的两年间，共整顿了包括小型家电及无线寻呼等在内的34项产业、52个品种。当时尹忠龙作为副会长，主导危机之中的改革，被人称作"改革狂人"，他向会长许诺，如果他没能拯救三星，自己将引咎辞职。裁员牺牲了很多平民员工的利益，但也是三星一次人员精减的机会，因为当金融危机的影响逐渐退去时，三星将迎来一个新的时代。

2．三星电子——增长最快的品牌

经过金融危机，三星延续了"新经营"的思想，进一步调整结构，选择了以数字时代的核心技术为重点，从世界各地重新网罗了大量的精英，开始实施其"数字融合"的策略方针。在其他企业削减资金投入的时候，三星却加大了研发的投资。2004年，三星投入研发的费用是46亿美元，2005年则增加到了70亿美元。全球17个研发中心的研发人员数量占了三星人员总数的1/5。这样巨额的资金，都被投入到了少数几个重点领域的重点产品上：移动通信系统网络非存储器、数码电视、PDA、超薄膜液晶显示器（TFT-LCD）和大型彩电、显示器、笔记本电脑、手机、存储器等。三星要的是快，它希望自己每开发出一个产品，都能够占有最新技术的专利。三星追求新产品的快速，就是要保证抢在竞争对手前先上市，在大批竞争者涌来之时已经抢占了市场的大部分份额。俗话说"大鱼吃小鱼"，但在三星电子的尹忠龙看来，更应该是"快鱼吃慢鱼"，特别是在技术更新极快的电子消费品行业。

三星要求产品开发人员要比消费者更早了解消费者要什么，只有先洞悉，才能推出消费者需要的产品。以明基为例，三星与其基本上是在同一个时期进军手机市场的，当明基还在忙于研发产品的时候，三星已经专注于消费者行为的研究，考虑如何细分手机市场、针对不同的人群定制不同档次的产品了。

对于那些自己不能够占有的最新技术，三星则宁肯动用大笔资金购买，宁愿花10亿元买一项专利技术，在短期内推出产品，也不会选择花1亿元，把时间耗在需要10年才能做出来的产品上。有一个经典的案例：2000年，美国Rambus公司制定第一代DRAM规格，当时三星、英飞凌（Infineon）、美光都被要求支付一大笔钱购买使用权利。当其他几家公司准备着手控告Rambus的时候，三星不声不响地支付了那一大笔钱，率先拿到了DRAM。这件事诉讼的结果自然是联手的几家公司获胜，它们不再需要支付那一大笔钱，但三星拿到了技术抢占了市场的先机。后来数据表明，在这场纷争中，三星付出去的那笔钱早就从市场上赚回来了，而且稳赚不赔。

消费电子行业进入新世纪后得到了蓬勃发展，技术更新速度之快可谓日新月异，近些年来各种产品的相互融合更成为一种趋势。以手机为例，现在的手机同时也是数码相机，还是便携的多媒体播放器，更是掌上电脑……所以在这个时代，企业拼的就是创新和速度。三星目前作为全球消费电子领域的领导者，已经树立起了"科技、时尚的数码先锋"的形象，其品牌价值更是从1999年的31亿美元迅猛增至2007年的168.5美元，已经超越了其老对手索尼公司。

三星的产品几乎覆盖了消费者家中从厨房到起居室的每一个角落。三星年营收超过微软或苹果并不令人感到吃惊。截至2011年年底，三星成为全球第一大电视机制造商，市场份额达到22.5%；在显示器市场，三星以15.1%的份额引领群雄。此外，三星还拥有全球电冰箱市场13.5%的份额。而在全球洗衣机市场，它的份额也从2009年的7%增至9.2%。即便在惠普和戴尔主导的笔记本电脑市场，三星也在短短几年内将市场份额增长了近一倍，达到6.3%。

从1999年开始，三星电子坚持实施全球品牌传播战略。美国Interbrand发布的研究结果表明，三星电子的品牌资产价值从2001年的64亿美元增长到了2004年的125.5亿美元，成为增长最快的品牌。2005年11月10日以来，三星电子将实施整体市场营销战略，来取代单独的市场营销计划，以增强其市场竞争力，并用高质量的产品提升品牌价值。在"Wow（惊叹）、Simple（简单）和Inclusive（亲和力）"的品牌理念指导下，三星电子正在展开一个全球范围的品牌推广活动。

新时代的来临带来的是更多的挑战，三星这次是在时代来临之前就做好了引领的准备，必然能够带给消费者全新的体验。

三星创始人李秉喆

第三章

做卓越的领跑者

一、时势造英雄

建立韩国自己的现代化制造企业，不仅为了让我们自己有好日子过，更要把国家的繁荣和人民的富裕放在第一位。

——李秉喆

1．爱国的领导者

一个优秀的企业领导者是人们可以跟随的榜样，能够带领企业在合适的时间走适合的道路，能够做出正确的决策，使企业员工和社会都获益。一个优秀的企业领导者，他能够给全体企业员工描述愿景；他能统一团队的目标；他有商业头脑，能清晰地知道投入产出比例；他专注，不会被投机冲昏头脑；他对数字非常敏感，对创新反应敏锐且行动迅速；他情商高，善于学习和总结，懂得协调人脉资源，带领团队达标。三星的辉煌从开始到现在都离不开这样优秀的甚至可以说是卓尔不群的领导者，第一代领导者李秉喆、第二代领导人李健熙都是非常卓越的企业领跑者。

李秉喆是"三星之父"，大家所了解的他是一位稳重踏实的领导者，具有非常强的思考能力，做事风格谨慎务实。他从创业之初到20世纪80年代，带领三星征战了许多行业，从食品业到制造业再到航空业，每一次决策都考虑周详，并且顺应当时韩国时代的变化，与政府合作紧密，表现出强烈的爱国主义倾向。可以说，李秉喆领导下的三星，总体来说比较稳健，但其迅速发展与政府的支持有着紧密的关系，这与李秉喆的成长经历以及当时韩国的社会情势密切相关。

李秉喆在坐船去日本留学的途中，买的是中等舱，他好奇地在船上转悠时，来到了头等舱的入口。门口一个日本警察拦住了他的去路，盘问一番得知李秉喆并不住在头等舱，就露出很鄙视的神情，表示像李秉喆这样的韩国人就应该乖乖待在船下面，不要妄图到头等舱去。虽然李秉喆当时也不是缺钱坐不起头等舱，但他还是被那种歧视深深地伤害了，根本原因还是因为韩国远不如日本强大。自那时起，他就在心中产生了报效祖国的心愿。

在他读书的几年里，刚好经历了经济危机导致的社会动荡，目睹了很多人在危机前后生活的变化，也体会到了父亲赚钱的不易。后来因为身体原因，他从日本休学回家，决定自己创业。有了留学经历带来的较为广阔的视野，李秉喆创业的目的不仅仅在于改善自己的生活，他选择的是对韩国人民生活水平提高有所帮助的实业。

韩国动荡的社会局势一直影响着李秉喆企业的经营。20世纪50年代，朝鲜战争的爆发导致韩国经济受损，在多方考虑之下，李秉喆选择了制造业，连续投资开了"第一制糖厂""第一毛纺厂"以及"第一韩肥厂"，短短几年使韩国摆脱了过度依靠进口的困境。在谈到为什么这几家企业都要称作"第一"时，他说："靠进口产品维持民生怎么能行？要进口也是进口本国没有的原材料，加工升值后再出口。我们办几个'第一'的厂子，就是表示要勇于争先，建立韩国自己的现代化制造企业，不仅为了让我们自己有好日子过，更要把国家的繁荣和人民的富裕放在第一位。我们首先是韩国人，如果连我们自己都不拯救自己，还指望其他人来救吗？"

2．与政府合作

政府与企业的关系向来就很微妙，按照李秉喆的经营理念，三星旗下的很多企业都受到了政府的大力支持，这中间建立的人际关系和利益关系错综复杂，但李秉喆很善于维持政府与企业之间的平衡，一方面依赖政府，另一方面又能保持经营的独立性。三星聘用人员采取的是公开考试、择优聘用，当时三星已经是韩国屈指可数的大企业，许多有权有势的政府人员纷纷来找李秉喆走后门，李秉喆虽然打着哈哈来者不拒，可同时又在公司内部做出明确规定：区分"关系户"和正式员工，在薪酬和培养途径上正式员工都优于"关系户"。这样一来，既不得罪这些人情关系，又保证了企业独立的人事安排。

20世纪60年代，李秉喆全力支持韩国通过走工业化道路来摆脱贫困的局面。他为了解决资金的问题，自己掏腰包在美国、日本以及欧洲市场上寻求资金投资。李秉喆进行了大量的对外活动，但他不仅寻求对自己企业有利的帮助，更是经常牵线搭桥，为韩国合适的企业创造利益；并将绝大部分的决策权交给了政府的领导者，让政府的领导者从整个国家的角度出发，改善韩国的经济。1962年，在李秉喆的大力促成下，韩国"蔚山工业区"建成，吸引了大批的投资，为韩国经济的发展做出了很大的贡献。

当然，李秉喆在与政府合作的过程中也遇到了不少困难。1961年，在日本考察的李秉喆被押回了韩国，罪名竟然是"非法敛财"。原来韩国军政府发生了政变，将全国企业经营额达到一定数值的企业家全部拉入了黑名单。这无疑是晴天霹雳，在韩国企业人中引起了恐慌。但李秉喆做出了一个令人惊讶的举动，他将经营了20多年的第一毛纺厂和第一制糖厂全部交给了政府，并发表声明："为了使韩国经济早日摆脱贫困，我愿意把我的财产捐献出来，供政府安排。"李秉喆这样大气的做法，不仅使其"破财免灾"，也显示了他的一片爱国之心。

还有著名的"韩肥事件"。三星建立第一韩肥厂，采用的设备是从日本一家公司购进的，日本公司为了答谢三星的这张大订单，给了三星100万美元的回扣。由于这笔钱不是以现金形式返还，三星就把这笔钱用在了购买制糖厂的原料和设备上，但并没有事先公开这笔钱的走向。后来事情被曝了出来，在舆论的压力下，李秉喆的二儿子被拘留了起来，万般无奈之下，李秉喆只得再次将韩肥厂超过50%的股份交给了国家。

即便如此，李秉喆无论遭受多大的挫折和打击，都尽最大的能力承担了下来，带领三星稳步前进：引进外资、多元经营，取得了令人瞩目的业绩。在当时韩国总统的葬礼上，李秉喆感慨万千：一方面这个人从三星攫取了大量的利益，并且百般刁难三星；但另一方面这个人也为国家做出了许多贡献。最后，李秉喆表达了他的感激之情：若是没有这样的挑战，三星如何能跻身先进企业的行列？

时势造英雄，李秉喆的成功在于他能够在动荡的社会中百折不挠，始终保持清醒的头脑和敏锐的市场洞察力，在战乱中看到商机，并能够牢牢抓住商机。而同时英雄也造时势，正是由于李秉喆出色的领导力和天才般

的商业头脑，三星才能够经受得住一次又一次的挑战，保持着稳健的发展

势头，成为世界500强企业的第14名，才能创下年收入1 000 多亿美元、总

产值占韩国GDP总量1/6的辉煌业绩。

二、做会长该做的事

想从事哪一行业？要采取什么样的准备措施？或是要让员工注意哪些事项？这些都是我的工作，都是我要寻找出答案的问题。

——李秉喆

1．不是怎么做，而是做什么

管理大师彼得·德鲁克有一个很著名的观点——"做正确的事而不是把事情做正确（Do right things or do things right）"，这是管理学中的一个经典。"做正确的事（do right things）"，就是目标明确且计划完整。虽然你不可能在做事之前就预计到发生的每一种情况，但也一定要全面考虑，尽所有可能顾及可能涉及的要素，从长远的利益着眼，把握重点。李秉喆作为三星的领跑者，本来就是个思维严谨、做事谨慎的人，几十年来涉足了几十个行业，而且大都做得比较成功，因此更加强调做正确的事。当带领一个庞大的企业时，会长必须做该做的事情。

我国古代对一名优秀将领的要求是"运筹帷幄，决胜千里"。这里说的"运筹帷幄"，就是做企业时的战略规划。战略规划好比战争中的战略部署，一个成功的企业在开局时就显示出了它的特殊性。企业家在确立企业发展方向和目标时都含有自己的价值观和自己的抱负，但是他也不得不考虑到外部的环境和企业的长处，因而最后确定的目标绝不是某一个人的愿望。另外，企业家还必须找到环境和机会与自己组织资源之间的平衡。要找到一些最好的活动集合，使它们能最好地发挥组织的长处，并最快地达到组织的目标。李秉喆经营的秘诀就是整合了政府和国外市场的资源，以国家的战略为指导，并能够在关键的时候放弃小利，让企业整体实力得到最大的保留。他说："办企业要有多种准备，当上策受挫或失败时，你要果断地放弃上策，毅然采取中策或下策，以做到有备无患。"

李秉喆从不盲目跟从社会上所谓的常识和惯例，他总是亲自调查，仔细分析，然后再做判断。他认为无论作为会长还是企业的各个社长，能够坚持自己的判断，是非常重要的事情。因为如果轻易听从他人的劝说，或根据他人的资料下判断，往往会造成不良的后果，而为了弥补这些损失又会浪费大量的时间和金钱，这对于一个生意人来说是致命的缺陷。李秉喆每天都要处理海量的事务，但他总是对别人说："想从事哪一行事业、要采取什么样的准备措施，或是要让员工注意哪些事项……这些都是我的工作，都是我要寻找出答案的问题。"

这正是李秉喆的过人之处，他关注的不是"怎么做"，而是"做什么"。因为要懂得"怎么做"，就要寻找方法和技术。方法和技术是知识和经验的产物，这个世界上有太多拥有技术和才华的人，找到他们并不困难，因而这个问题在一般人看来也许比较难，但对于一个真正意义上的企业家来说，这反而是最好解决的问题。李秉喆管理思想的核心是"人"，他认为企业管理中市场、技术、资金、机制缺一不可，但是选择合适的人才远远比选择事业更重要。三星在选择人的时候要进行各种测试，据说其采用的"内田—克雷贝林法"非常适用。在对人才的测试中，三星非常重视英语水平，但其并不是认为英语对工作有多大用处，而是用其检验人才持之以恒的学习精神和工作态度。因为李秉喆认为英语不是一朝一夕就能学好的，非持之以恒不能学成。另外李秉喆很重视人才培养，特别是对社长的培训。他对管理层的培养选拔相当重视，他认为社长个人的出色，并不意味着公司的成长，只有公司的经营团队整体素质的提高才能长久地促使企业不断走向成功。三星敢于聘用工资比社长高的员工，三星在欧美招聘的高级人才的工资要比社长高2~3倍。李秉喆公私分明的工作作风也值得我们推崇，虽然是私人企业，但李秉喆认为应该区分公和私，据说他的一个孙子在公司的高尔夫球场打球后没有付账，李秉喆听说后就让秘书向孙子催账。李秉喆认为企业是社会的，三星要持续300年，要做长寿型公司，凡是与此相矛盾的都要让路。因此他对于在岗位上碌碌无为的管理者都毫不留情地予以更换，因此那些人都认为李秉喆冷漠、没有感情。但正是李秉喆的冷酷成就了三星的今天，这也反映了李秉喆的性格和管理思想的精华。不管怎么说，三星能成为一家成功的世界级的私营企业，一定有其成功的道理，作为其创始人的李秉喆的经营管理思想是值得借鉴的，特别是值得中国企业老板借鉴。

但是要知道"做什么"，是最考验企业家眼光和格局的问题，它没有一个确定的答案，却对企业家的素质有着非常高的要求。首先是有选择和无条件的自信，企业家必须有很好的心理素质和坚定的信念。其次是眼界，好的企业领跑者能够在市场的现状中找出潜在的、能促进企业发展的商机。还有就是创新，必须要和别人不一样，才能保证企业在市场上的独立性。

李秉喆要求会长应该比其他人想得更远，这样才能够在做一个项目或者进行一项投资时，有充分的准备时间，才能够领先于对手。在三星，社长们经常会接到一些令人摸不着头脑的指示，开始的时候大家还经常迟疑，甚至有人会拿着命令去找会长确认，却总是被会长以较为强硬的态度驳回，最后只能稀里糊涂地执行。但往往过了一段时间之后，社长们才恍然大悟："哦，原来会长的指示用意在此。"而那些"稀里糊涂"的指令，往往总是一件大事的准备工作，到事件真正来临的时候，大家才感慨："幸亏早有准备！"

2. 将最重要的事考虑清楚再动手

李秉喆曾经说，在开始一个新的事业之前，必须要将几件重要的事情考虑清楚，才能够动手。

首先要考虑市场。分析市场就是分析项目的可行性以及同类行业现状。对市场的分析一定要细致和全面，对客户了解得越清楚，就越能精准地定位项目。进一步来说，市场分析对于管理也非常重要，可以帮助项目组和企业预见在未来发展过程中可能出现的问题，降低能够降低的风险，把可能预测到的麻烦"扼杀"在萌芽状态。

其次要考虑资金，资金是一个企业得以运营下去的"血液"。俗话说，没有不缺钱的企业。企业在各项财务活动中，各种难以预料或无法掌控的因素作用往往会使企业难以实现预期的收益，从而面临经营风险和财务风险。原材料价格波动、产品品种生产决策、产品更新以及销售决策等，这些因素都会给企业带来风险，所以保证企业在关键时候有足够能调用的资金是很重要的事情。当然，缺少资金可以向银行贷款，韩国银行对于三星这样信誉较好的大企业，政策还是比较宽松的。但公司还是会顶着巨大的压力，特别是遇到金融危机，银行急需回收贷款，弄不好企业和银行都有破产和倒闭的危险。所以李秉喆主张有自己的资金，这也是他将三星集团的业务广泛散开的原因。当某个企业遇到危险时，可以调用其他行业企业的资金来救急，这样内部资金的流动就保证了三星整体的良性运行。除此之外，资金的回收周期也相当重要。李秉喆在20世纪50—60年代进行过一个市场调查，比较分析了造纸、制糖、制药3个行业资金回收的周期。调查表明，以建厂到产品正式上市销售为一个周期，制糖需要3个月时间，造纸需要6个月，制药需要8个月。也正是这个原因，李秉喆当时选择了制糖业作为他开展制造业的切入点，而没有选择后两者。爱国心是一回事，但做企业是另外一回事，一定要考虑做企业该考虑的事情。

最后是要考虑技术。技术是一个企业的根本与核心，三星在启动一个项目的时候，首先会考虑自己的技术是否能够得以顺利实现，如果不能实现，则会放眼世界看能否购买并加以利用。三星在技术方面的投资是下了血本的，不仅要求短期的成果，更将三星集团的可持续性建立在技术研发之上。只有在抢占市场的时候，三星才会宁肯花高价第一时间买进技术，也不会为了节约资金等待较长的研发周期。

李秉喆认为企业总裁还有一个要重点把握的就是人才，在三星训练中心里，悬挂着李秉喆亲笔题写的"人才第一"的匾额。他自己也在用人方面丝毫不敢马虎，三星在招聘员工方面有着严格的面试和考核制度，就是为了确保他们加入三星之后能够有效地完成工作。尽管如此，他还是经常感慨"人到用时方恨少"，难以及时找到特别理想的人选。李秉喆说："不管什么人都会有不足之处，要人主动去改正是比较困难的。所以选人的时候就要考虑这个人的缺点是什么，然后找一个可以弥补这个缺点的人，让他们组成一个组合。但是判断到底是否是这个人能力不行是一件很难的事情，因为难以区分是人的问题还是项目本身的问题，经常会有这样很难的抉择……"而一旦是李秉喆看重的人才，他则一贯秉着"用人不疑，疑人不用"的原则，大大释放自己手中的权力让这些人才在各自的岗位上充分发挥才能，为公司的发展出谋划策。一个向李秉喆学习了30多年经营策略的三星高级管理者说："人们都说李会长的用兵术是非常高明的，其实他并没有别的秘诀，就是对人的完全信赖。如果他信任你，就会全权委任你，并全力支持你的工作，这样就会使你产生责任感，产生一定要完成任务的意志。"也正因此，这些人才在企业困难时期多次挽救了"三星"，李秉喆曾经回忆说："三星克服严重危机的最大力量，是信赖我并忠于职守的社员的团结精神和爱社精神。"这不能不说是李秉喆管理上的独特之处。

李秉喆曾经说："我是会长，我的工作就是为自己和为我手下的员工寻找'应该做的事情是什么'。"也正是因为他做好了会长该做的事情，三星才有了这样的繁荣。

三、偏执也是一种成功

在全球一体化时代，品质就是企业竞争力的准星，直接关系到企业的生死存亡。

——李健熙

1．想发展就要先变革

管理学上的一个调查表明：那些带有强迫症倾向、喜欢给自己和他人加上不必要的压力的企业家，往往比民主型企业家更容易获得成功。因为一个成功的企业家不但需要有开辟价值和创造空间的能力，更需要有对效益的挤压能力。寻找外部机会，是自我迫害式偏执狂的专利，他们老担心别人搞到更好的机会，所以会拼命去主动下手、积极寻找。挤压效益是典型的高控制欲人格管理者的专长，也可以称之为所谓企业家应有的"狼性"。除此之外，那些有偏执倾向的人更能耐得住寂寞，更能忍受常人异样的眼光。他们能够清楚地知道自己所做的事情是什么，当别人对他们表现出不理解，甚至称他们为"疯子"时，他们也完全不会介意。

三星的第二代领袖李健熙就是这样一个偏执的人，他偏执于对三星的改革，从宏观的经营策略到员工的课余时间，他统统都要进行变革，甚至还提出了"除了老婆孩子，一切都要变"的疯狂口号，被人称作"改革疯子"。

李健熙这种偏执的性格不是一两天形成的。在他小的时候，他是个内向倔强的孩子，只要认准的事情，就一定要做成，遇到困难也一声不吭自己硬扛，即便是遇到大人的禁令他也毫不在意，搞得父母亲很是头疼恼火。有一次，李健熙把母亲买给他的玩具拆开后弄坏了，被父亲责骂了一顿，他很不服气，因为他知道自己拆开玩具是为了重新把它装回去。于是他在被责骂之后玩起了"消失"，自己一个人跑到车库里咬着牙要把玩具装回去，并把自己锁起来。大人到处找他找不着，可急坏了。最后，还是李健熙自己把玩具装好了才从车库里出来，但这都是一天之后的事情了。这样倔强的性格一直伴随着李健熙，虽然有时让身边的人很是抓狂，但在经营三星的过程中，正是他的偏执给他带来了巨大的成功，甚至可以说偏执是他成功的性格因素。

李健熙上任后掀起了轰轰烈烈的"新经营"运动，为了追求一个"新"字，他的口号是——"除了老婆孩子，一切都要变"。

他出任三星集团会长以来，便一直为公司的发展前途不安，为此经常夜不能寐。他和公司内外的人谈到自己的焦虑时，大家都觉得三星已经做得很好了，但李键熙不这样看。1993年2月"偏执"的他带领着各个分公司社长到达欧美的一次考察，更加证实了"偏执"的李健熙是对的。

当时，国际市场把三星产品视为二流货，这无疑给三星领导层以强烈的刺激。身为会长的李健熙更是扪心自问："三星将如何立足于世界？"后来，李健熙决定，在三星进行一次翻天覆地的彻底变革。他一气呵成写出了《三星新经营》一书，作为企业未来发展的行动指南。他在该书的开篇提出"变化先从我做起"的口号，将其作为三星的企业哲学和奋斗精神：以人才和技术为基础，创造最佳产品和服务，为人类社会做出贡献，积极投身于消费者中间，认识并且迎接来自全球的挑战，为全人类创造更加美好的未来。

要实现美好的设想，必须脚踏实地从一点一滴做起。面对这样一个改革大工程，哪里是突破口？李会长一针见血地指出："在全球一体化时代，品质就是企业竞争力的准星，直接关系到企业的生死存亡……3万人搞生产，6 000人搞售后服务，这样的企业拿什么和人家竞争？有品质问题就要找原因，想办法解决，要让我们的产品达到一流水准。哪怕把生产线停下来，哪怕会影响我们的市场份额。"

为此，他在"新经营"理念中，特别强调以质量管理和力求变革为核心，彻底改变当时盛行的"以数量为中心"的思想。李健熙会长先后同三星1 800多名中高层人员一起召开会议，并于1993年6月7日，在德国法兰克福提出了"新经营"宣言，以破釜沉舟的气势吹响了"新经营"的号角。

一石激起千层浪。"新经营"理念的提出是对三星员工头脑的一次空前大冲击，很多人心存疑惑："抓质量，生产量下降怎么办？"一些高层管理人员甚至跑到李会长的办公室建议说，变化应当是渐进式的，不要一下子就大变。

李会长把这些提意见的人批了一顿，对那些怎么说服也不支持改革的人一律撤换掉。现任三星集团副会长、中国总部会长的李亨道讲起当年的变革时还是很激动，因为这就是三星后来成为国际知名跨国公司的转折点。

"新经营"使三星步入了品质取胜的良性发展轨道，创出了三星崭新的企业文化。1997年的亚洲金融危机，使得大宇、起亚等不少当年与三星齐名的大企业先后倒下，然而身强体健的三星却挺了过来，并在国际市场上脱颖而出，对于这些，"新经营"改革功不可没。

从一定的程度而言，"新经营"改革的成功源于李健熙"除了老婆孩子一切都要变的"偏执，没有这种偏执，就不可能在员工的一片反对声中坚持下来，也就不可能取得"新经营"政策的成功，更不可能有今日的三星。

2．生于忧患，死于安乐

李健熙的偏执还表现在他具有强烈的忧患意识。他说："如果我们对三星现有的成绩感到满足，那么三星随时都有可能陷入危机之中。我们必须未雨绸缪，不仅考虑明天做什么，更要考虑三星三年之后做什么、五年之后做什么！""生于忧患，而死于安乐"，越是处于要位，越要有忧患意识。忧患意识源于自觉的危机感、紧迫感、责任感和使命感，表现为坚强意志和奋发精神，是一种强大的精神动力。偏执于忧患感的人，不满足于现状，往往或通过理性反思总结经验教训，或通过别人批评和自我批评揭露缺点错误，或从对事物的肯定中发现潜伏的矛盾，或从对现状的诊断中找出事物进一步发展的要求……但其目的都是希冀做好工作、更好地发展。

李健熙的忧患意识已经达到了偏执的程度，特别是当公司取得一定的成绩时，大家都兴奋得想庆祝，同时却都害怕在此时见到会长，因为他实在太冷静了，而且会因为下属欣喜的表情而生气。

2002年第一季度报表出来时，三星各部门的业绩都很辉煌，公司里上下都喜气洋洋，各部门都筹备着开庆功会之类的活动以示表彰。没想到李健熙立即发了个通知，将各部门负责人召集到公司开会。大家还以为他即使不会赞成大肆庆功，至少也会表扬两句。没想到，他们见到的是会长一脸严肃的表情，他丝毫不提取得的成就，会议一开始就问大家："你们知道我们的产品与其他品牌的同类产品——像索尼、诺基亚——的差距在哪里吗？你们知道为什么诺基亚在市场上占那么大份额吗？你们知不知道还有哪些品牌有可能在接下来的几个月里抢占我们的市场？我们该怎样保证市场占有率？我们有哪些部门能够在几年之后夺得世界第一？……"一连串的问题劈头盖脸地向大家砸来，让尚沉浸在欢乐之中的负责人们措手不及。批判会整整开了4小时，李健熙反复强调，要有危机感，千万不能因目前的一点成就而满足、停滞不前；要时刻保持飞速的发展，停止就是退步……6小时之后，李健熙又召开了第二轮、第三轮、第四轮会议——最后，这次车轮战式的会议足足开了50个小时！所有的人都处在一种非常紧张的状态，有的人甚至有了崩溃感。不过，在这次会议上，三星确立了接下来5～10年的战略布局，把家庭影院、手机、办公系统和半导体作为了核心产业，而最终目标是闯入世界三强。

随后，李健熙还特意颁发了几条禁令：

不可因公司的成就而骄傲自满；

不可接受其他公司的款待，如打高尔夫球等；

不准接受来历不明或者没有明确指向的奖项；

不可对成绩进行过分的宣传。

李健熙甚至还有一个"李式危机论"，就是时刻让自己对危机警醒，而真正的危机来临时，也乐于接受挑战，并努力借助这样的机会使自己更强。正是因为有这样的意识，三星才能够在金融危机中安然挺过，并创造了新的神话。

李健熙的偏执风格还体现在他的完美主义上，特别是对于三星的产品，他反复要求"质量第一"，并把他对"质量第一"的要求详详细细地写了出来，让人制成300小时的录像带，在三星公司反复滚动播出。一时间，三星员工人人以"质量第一"为标准，掀起了一股生产优质产品的热潮。

英特尔公司CEO安迪·格鲁夫曾经说："只有偏执者才能生存。"尽管身边的人会觉得李健熙性格非常冷酷内向，一天中都难得和妻子说上几句话，对于朋友也不是传统意义上的那种朋友关系。但作为一个企业家，他的偏执无疑让他成功地引领一个企业走向了辉煌。

四、大学生最愿追随的CEO

我愿意放弃现在所有的工作，把全部精力放在半导体这个行业上，如果必要，我愿意以我个人的名义来经营这项业务。

——李健熙

在一项针对"在全球商业领袖中你最愿意追随的人是谁？"的调查中，韩国三星集团会长李健熙被韩国科学技术院攻读MBA的学生们评选为"最愿意追随的经营者"。该校攻读MBA课程的100名学生中，有15%的人将李健熙列在第一位，而排在第二位的是得票率为12%的当时韩国首尔市长李明博。而在另一项针对"大学生最喜爱的CEO"的调查中，随机抽取了韩国2 400名大学生作为调查对象，三星集团会长李健熙再次以21%的得票率位居第一。那么，李健熙除了他偏执的特质之外，究竟还有什么品质使他成为一名如此有感召力的企业领袖呢？

1．果敢的决断

决策是一个企业能否持续发展的最为关键的一步，也是一个领导者能否领导企业走向成功的关键。一件事情做不做、什么时候做、该怎么做，领导者都要果断地做出决策。决策晚了，机会就没有了；决策错了，则全盘皆输。所以，如果要想做一个成功的人，尤其是一个成功的领导者，就应该时刻注意培养自己的决策能力。果断地把手头的机会抓住，这是至关重要的，因为靠近你的机会就是最重要和最迫切的。

有这样一个寓言故事：有一头毛驴，它的左右两边各放着一堆青草，结果毛驴还是饿死了，原来毛驴一直在犹豫该先吃哪一堆。这个寓言总能博人一笑，然而，一个企业家每天要面对的选择远远要比这复杂得多，很多时候不是没有选择而是选择太多，最后导致时机延误，白白错过了大好的商机。相反，那些在关键时刻果断放弃诸多选择、挑选其一、把自己置于死地而后生的人，反而能够获得成功。李健熙就是一个善于孤注一掷然后夺得成功的人。

20世纪70年代，当半导体行业才开始发展时，李健熙就觉得这是个难得的机会。当时还是他的父亲担任三星的会长，我们知道当时三星涉足了很多的行业，李秉喆在诸多选择之间对于半导体这个行业非常犹豫。李健熙偏偏认准了这个行业，对父亲说："我愿意放弃现在所有的工作，把全部精力放在半导体这个行业上，如果必要，我愿意以我个人的名义来经营这项业务。"正因为李健熙在父亲犹豫时能够以果断的态度打动父亲，李秉喆才在1974年收购了韩国半导体公司，为后来在电子消费品行业创造的辉煌奠定了坚实的基础。

在1997年那场经济灾难中，三星内部为企业的何去何从各执一词，争论不休。然而李健熙果断地对整个集团进行了大整顿，卖掉了价值近15亿韩元的事业部，对剩下的产业进行结构调整，使三星在经济危机过后迅速地焕发了生机。试想，如果李健熙面对三星庞大的业务犹豫不决，割掉哪块肉都舍不得，那么三星集团必受自身所累，挽救破产都来不及，哪有时间和精力把握形势获得新生？

2．善于思考

很多人认为成功的领导者处理任何事情都该轰轰烈烈，让部属佩服不已，成为一个标杆式的人物。事实上，真正伟大的领导者，往往都很低调，会在细微的事情上做出与众不同的抉择，一举一动都很有耐心、非常谨慎。李健熙就是这样一位内向的会长，他讲话不多，一般都是边听属下汇报工作边思考。等汇报结束开始提问，大家会觉得他的问题很实在，总能够一针见血。

李健熙这种沉静的性格早在孩童时代就已经形成，他习惯思考，凡事总喜欢多问"为什么"。甚至在看电影时，别的小朋友都会选择好玩的电影看得开怀大笑，唯有李健熙选择那些大人看的电影，并带着很多的问题去审视电影里每一个他感兴趣的镜头，遇到不懂的也总是刨根问底，直到弄明白为止。高中时他还被同学当成怪人，因为李健熙经常陷入思考中，每当这时他就面无表情眼睛发直，任凭同学怎么喊他的名字也不理。但在课堂上，李健熙的每次发言都会让老师和同学对他刮目相看。这种怪异的思考状态一直陪伴着李健熙，成为三星的会长后，开大会之前他总会把自己锁在汉南洞的承志园，几天不出门，也很少说话，完全沉浸在自己考虑的问题中，直到找出解决方案。

李健熙制定了一条规则：任何人都不准在开会的时候夸夸其谈。每一个发言都必须提前做好准备，得用数据和事实说话，严禁泛谈。在每一个发言之后，他都要求与会人员提问，一方面为了促进发言者思考，另一方面也鼓励所有的与会者思考。大家都知道参加会长的会议一定要充分准备，因为太容易被会长的问题难住了。正是因为李健熙这种爱思考的性格，他才总是更容易接近真相，更容易考虑长远，更容易比竞争对手抢占先机。

3．好奇心

塞缪尔·约翰逊曾经说："好奇心是智慧富有活力的最持久、最可靠的特征之一。"有调查表明，世界上优秀的领导者都有一个共同的特质，就是无论他们多大年纪，他们都爱好广泛，对一切新奇的事物都充满了好奇心，并且想要改变。李健熙也有着强烈的好奇心，只要是他考察过的部门，他都能成为半个专家。因为他对自己不了解的领域总是充满了兴趣，会不厌其烦地询问学习，直到自己的好奇心被满足。少年时他对养狗产生了兴趣，就一举养了几百条狗，基本包罗了所有常见的品种，多年下来他被公认为是养狗专家。大学时他迷上了看电影，一口气在一年内看了1 200多部电影，只是为了满足他对不同种类电影的好奇心。大学期间，他又迷上了高尔夫球，他对高尔夫球的每一个技巧都充满了好奇心，花了大量的时间来钻研，后来不仅成为打高尔夫球的高手，更是将在打高尔夫球时的领悟应用到了企业管理中。大学毕业后，他对汽车的内部构造感兴趣，就一口气买了好几辆不同的车来研究，最后对汽车的内部结构了如指掌。

所有的人都很惊奇李健熙为何有如此强烈的好奇心。普通人对某个东西感兴趣也就是看看学学便罢了，而李健熙则会不计时间、不计代价，四处查找资料，实地研究，直到研究得通通透透，成为该领域的专家。他的好奇心一点儿也没在三星的管理中落下，有时好奇心来了，即使是不属于他职权范围的事也要去弄个清楚。有一次，他听说手机用户对三星手机的发送键和结束键不是很满意，好奇心顿起，一定要搞清楚怎样才能感觉最舒适。经过几天的摆弄和对比，他把两个键的位置和大小进行了调整，最终获得了一个后来备受好评的界面。

4．责任感

责任感是企业领导必备的品质，只有一个勇于担当的人，才能够在一个群体当中树立威信，才能够被他人信任，进而获得一种自然而来的权力与威信。如果一个继承了长辈基业的人本身没有责任感，那么他一定很难像他的父辈一样把事业维系下去。那些伟大的领袖，一定会在危难的时候挺身而出，为属下做出榜样。管理学也表明，具有责任感的企业领导更容易组建并领导相互团结、相互信任的团队。

李健熙无疑是一个具有高度责任感的人。1997年金融危机时，汽车行业受到了前所未有的重创，许多投资汽车行业的企业都血本无归。而在金融危机之前，李健熙很看好汽车行业，把集团大量的资金都投入到了打造汽车王国的梦想中。但很不幸的是，这次他判断失误。韩国汽车业后来一直很不景气，1999年三星集团的汽车销售量还不到5万辆，公司还有大量的负债。万般无奈之下，只能将汽车公司转卖给了法国一家汽车公司。李健熙因为这次失败的决策备受指责，但是他并没有逃避和退缩，毅然拿出属于个人的几十亿财产，用以摆脱公司资金周转困境和汽车公司员工的待遇。这件事引起了轰动，大家对李健熙这种勇于承担错误的精神赞不绝口，美国《财富》杂志还将李健熙评为"能为自己的错误决策勇于承担责任的CEO"。

三星创始人李秉喆

第四章

三星的质量管理

一、全民质量总动员

客户的不满是企业改进的方向，提高客户的满意度和忠诚度是企业长盛不衰的法宝。基层员工是产品质量的一线情报员，他们熟悉制造环节的每一个细节，调动他们的积极性和主动性是改善质量的最好措施。

——三星

1．上医治未病

20世纪70~80年代，三星一举成为韩国境内涉猎业务最广、资产最雄厚的大企业，加上韩国经济高速发展，国内市场呈现出一片繁荣的景象。三星以强大的生产力占据了市场的绝大部分份额，获得了大量的利润。这个时候，三星是以产品数量取胜，虽然他们对质量也有过一定的战略规划，但并没有完整地执行下去。正如世界上其他大大小小的企业一样，非重点的战略往往不能彻底地执行。据调查表明，世界上只有不到1/10的企业能把自己的战略执行下去。大部分战略的失败并不是战略本身不合理，而在于管理和执行的失败。有的企业规划了战略但没给出战略实施的计划，有的是执行力不够，还有的是战略太过分散导致不能完整地执行。三星当时部门繁多、人员冗杂，因为这些原因而对质量把控不严，管理人员对此进行了许多无效的计划、报告和预测，但遇到问题还是东补西救，没有提早进行有效的质量管理。

直到亚洲经济危机风波之后，第二代领导人李健熙掀起了轰轰烈烈的"新经营"运动，三星才开始狠抓质量，把质量放在了企业发展的第一位。一向在公司里话不多的李健熙召开了公司大会，滔滔不绝地强调他的战略调整：一定要把质量抓紧，把产品质量作为生产的基本目标……他断断续续地开了10个小时的会，制定了一系列的产品战略规划。产品战略规划是现代管理学中的一个名词，即系统地对公司产品从生产到组织到销售进行管理的方法。它首先对公司内各产品线各自的市场发展趋势、客户的需求、竞争环境及对手、产品线的结构合理性进行分析，创建合理的市场细分规则，对要投资和取得领先地位的细分市场进行选择和优先级排序，以确定哪些产品线需要重点投入、哪些产品线还需要拉长而哪些产品线可以缩短、哪些产品应该怎样改进才更好卖。产品战略规划对这一系列的问题提供一致的分析，使公司能够创造更大的价值。

有人不明白：要改善质量，直接提高产品质量就完了，为什么还要如此大动干戈地搞什么质量规划和质量管理？会长讲了一个中国名医扁鹊的故事：

据《史记》记载，魏文王问名医扁鹊说："听说你们家有三兄弟，都精于医术，那今天你来说说到底哪一位医术最好呢？"扁鹊答说："我长兄的医术最好，我二哥的医术比我大哥差一点，而我的医术是三人里面最差的。"魏文王听了大吃一惊，忙问："可是世人都只知道扁鹊是神医啊，为什么你这么有名，反倒是你的哥哥们医术都比你好呢？"扁鹊惭愧地说："我扁鹊治病，一般是等病人的病症严重了我才来治疗。结果普通人都看到我在经脉上穿针管来放血、在皮肤上敷药等大手术，就觉得是我治好了病，所以以为我的医术高明，名气因此响遍全国。可是我二哥给人治病，在病人病情还在初始的时候就给治好了。普通人看不到他费力医治，就以为他只能治轻微的小病，所以他的名气只是在我们乡里很有名。而我大哥治病，一般在病人的病还没发作时就给治好了。普通人不知道他在病发作之前就把病看好了，因此大家觉得他根本就不会给人看病，所以大哥最没名气。"

质量管理就好比是扁鹊的大哥治病，产品生产之前就尽可能地将可能存在的问题"扼杀"在萌芽状态，从生产的源头控制风险，远远比事后控制更加有效。如果没有质量管理的事先控制，生产下游环节无法及时向上游环节反馈整改意见，就会造成大量资源浪费。并且由于上游环节间缺乏详细的标准，造成公司各部门间互相扯皮，影响公司凝聚力，大大降低了生产效率。随之而来的就是员工的质量意识会下降，警惕性下降可能造成质量事故频发，影响公司的信誉，甚至造成失去订单或者带来巨额索赔，给公司造成严重的经济损失。

2．细节决定成败

三星在李健熙的领导之下，从上到下对产品都有着强烈的管理意识。全程管理是非常重要的一件事，领导者有了全程质量管理意识，还要让中层和底层员工形成良好的全程质量管理意识。因为只有从管理者到工人都明白全程质量管理的重要性，才能更有效地控制过程。人们很容易因为追求一时的经济效益，而放弃对质量的控制；管理者为了达到要求偶尔来一句"不出大问题就行"的话，就会立刻把员工多年来辛辛苦苦培养起来的质量观念击垮，正所谓"千里之堤，溃于蚁穴"，可见领导者的观念在质量管理中的作用有多重要。

只有每个环节的人都有着强烈的质量意识，才能使每个环节都有保障，才不至于到了最后成品环节出了问题大家都一无所知、相互推诿。因此，要想保证质量，生产的每个环节都应该制定详细的质量管理标准。从产品开发、工艺流程设计到原料采购，从第一道工序到产品下线，从装箱到运输，每个环节都必须制定详细的、可控制的管理标准。标准的制定绝不是管理人员随便说说的事，一定要作为重点来做，因为标准制定得不合格，会给质量管理带来很大的麻烦。标准太严则有损于企业的利益，太松则容易造成质量事故。对生产过程的监控也是质量管理的核心，从原料进厂到产品下线，要按照生产标准进行质量监督，严格检查，及时反馈，及时整改。三星按照生产线来进行产品各个步骤的监控，一旦有哪条线出了问题，整条生产线都要停下来，一直到检查出问题才能够重新恢复生产。

李健熙在"新经营"运动中为了提高员工对质量的重视，甚至改变了员工的考核标准。以前之所以出现"重结果轻过程"的现象，根本原因是质量工作没有真正与个人收入挂钩。业绩考核应当与每人的个人收入挂钩，不能只对某一个工序的人员制定质量检验标准，而不对过程中的员工进行监控。如果不这样做，势必就会把质量问题都丢给最后一个环节，这样不但造成资源浪费，而且造成部门间相互扯皮。李健熙改变了考核制度，不再只考核制造人员的产量而不考核质量，而是制定制造人员的产量和质量双重系数，进行双重考核，从根本上改善质量问题。

在质量管理的过程中，有一环是最容易被忽略的，那就是客户和基层员工，他们是最好的质量改善者。客户是产品质量的裁判，三星为此引进了强大的客户满意度管理系统。客户的不满是企业改进的方向，提高客户的满意度和忠诚度是企业长盛不衰的法宝。基层员工是产品质量的一线情报员，他们熟悉制造环节的每一个细节，调动他们的积极性和主动性是改善产品质量的最好措施。

二、引入质量管理体系

20世纪是生产率的世纪，21世纪是质量的世纪。

——约瑟夫·朱兰

1. 凯姆与三星质量管理体系

1978年，三星头一次成立了专门负责质量管理的部门——全面质量管理部门，从此开始建立了一套三星独特的质量管理体系，最终建成了世界上非常完善的质量管理系统。

质量管理也经过了一系列的发展阶段，才形成了今天现代化的理论和体系。在早先的销售工业时代，产品的质量主要靠手工艺者的技术和经验。师傅的经验丰富、技艺熟练，则产品就有保证，这也算是早期的质量管理，但只适合于小作坊操作。20世纪初，科学管理理论的产生，促使产品的质量检验从加工制造中分离出来，有专人负责质量检验，但都属于事后检验的质量管理方式。1924年，美国数理统计学家W. A. 休哈特提出控制和预防缺陷的概念。他运用数理统计的原理提出在生产过程中控制产品质量的"6σ法"，绘制出第一张控制图并建立了一套统计卡片。与此同时，美国贝尔研究所提出关于抽样检验的概念及实施方案，并由标准协会制定有关数理统计方法应用于质量管理方面的规划，成立了专门委员会，于1941—1942年先后公布了一批美国战时的质量管理标准。随着生产力的迅速发展和科学技术的日新月异，人们对产品的质量从注重产品的一般性能发展为注重产品的耐用性、可靠性、安全性、可维修性和经济性等。美国A.V.费根鲍姆于20世纪60年代初提出了全面质量管理的概念："（全面质量管理）是为了能够在最经济的水平上，并在充分满足顾客要求的条件下进行生产和提供服务，并把企业各部门在研制质量、维持质量和提高质量方面的活动构成为一体的一种有效体系。"

三星的质量管理系统，是在经过大量学习世界一流的标杆企业的技术、结构、制度后根据自身的实际情况进行改进而形成的。在这个过程中，有一个人起了非常重要的作用，这个人就是曾经在美国著名的施乐公司工作了31年的Mr.Kim。他曾经是1989年使施乐公司赢得Malcom Baldrige国家质量奖的功臣之一，对于公司的质量改善有着几近狂热的关注。Mr.Kim在三星走马上任后就去了美国质量协会（ASQ）位于Milwaukee的总部，在那里他获得了一个很重要的启发，就是将三星的发展方向定为大幅度提升企业的知名度和质量水平，并且把索尼公司看作是三星最大的竞争对手。为此，他在三星付出了非常多的努力与汗水。

Mr.Kim为了建立一套强大的质量管理体系，几乎采纳了世界上所有正在使用的质量原则和方法，内部和外部的奖励模式双管齐下，努力取得美国质量协会的各种认证、ISO9000和其他质量管理标准；制定了长远的战略规划，采用了能力成熟度模型（CMM）、PDCA循环以及施乐公司的通过质量概念提升领导能力的方法；特别引进了6σ，设立了6σ设计和客户满意度管理中心。

2. 戴明环与CMM的应用——企业逐步完善和成熟

PDCA又叫戴明环，是管理学中的一个通用模型，最早由休哈特（Walter A. Shewhart）于1930年构想，后来被美国质量管理专家戴明（Edwards Deming）博士在1950年用于持续改善产品质量的过程中。它提供了一种全面质量管理的科学流程，从计划到组织实施，不停顿地、周而复始地运转。其中PDCA所代表的含义分别是：

P（Plan）——计划。包括一个项目在开始之前目标的确定和详细计划的制订；

D（Do）——执行。项目执行过程或者生产的运行过程；

C（Check）——检查。就是要对生产和执行的过程进行监督，及时发现问题，及时解决问题，避免问题的叠加效应；

A（Action）——处理。对检查的结果进行处理，认可或否定。

当一个PDCA循环结束后，则进入下一个循环，在新的循环里进一步解决上一个循环没有解决的问题，对逐渐稳定的部分则将其标准化进行进一步推广。随着循环的不断进行，生产质量将进一步提高。

CMM是指"能力成熟度模型（Capability Maturity Model）"，是在美国国防部的指导下，由软件开发团体和软件工程学院（SEI）及Carnegie Mellon大学共同开发的。采用CMM系统以后，能够更加科学地对软件开发和维护的过程进行全程监控，并且有着明确的等级标准——总共分为五个等级：1级为初始级，2级为可重复级，3级为已定义级，4级为已管理级，

5级为优化级。从当今整个软件公司现状来看，最多的成熟度为1级，多数成熟度为2级，少数成熟度为3级，极少数成熟度为4级，成熟度为5级的更是凤毛麟角。CMM通过这样的方式提供了逐步的改进框架，针对一个公司过去软件开发过程中的成果和教训，设计了一个用于改进的框架，利用这个框架，企业可以更好地明确开发过程中所需的工作，以及这些工作之间的内外在联系，使企业能够一步一步地走向完善和成熟。

3．六西格玛的应用——品质和生产的提高与改进

QC小组活动（全称Quality Control Cycle）简称QC，是由一线员工围绕企业的经营目标和现场存在的问题组成小组以改进质量、降低成本、提高效益为目的，并遵循PDCA戴明环原理，选用质量管理的方法和工具持续开展课题改善的全员性活动。它是企业员工参与全面质量管理特别是质量改进活动中最重要的组织形式，可为企业提高产品质量、降低成本、创造效益。通过小组成员的共同学习、互相切磋，有助于提高员工素质，预防质量问题和改进质量，塑造充满生机活力的企业文化。世界著名的美国质量管理专家朱兰（Joseph H. Juran）博士曾说："通过开展QC小组活动，使日本的产品质量跃居领先地位。"

QC小组活动涉及的管理技术主要有三个方面：一是遵循PDCA循环（计划、执行、检查、处理总结）；二是以事实为依据，用数据说话；三是应用统计工具，科学地分析数据。根据QC小组活动课题的特点、活动内容，可将小组活动课题分为现场型、服务型、公关型、管理型和创新型5种类型，前4种活动的程序相同。下面简单介绍一下活动的具体程序。

（1）选题。QC小组活动课题选择，一般应根据企业方针目标和中心工作、现场存在的薄弱环节或客户（包括下道工序）的需要而选择。选题的范围主要有10大方面：提高质量；降低成本；设备管理；提高出勤率、工时利用率和劳动生产率，加强定额管理；开发新品，开设新的服务项目；安全生产；治理"三废"，改善环境；提高顾客（用户）满意率；加强企业内部管理；加强思想政治工作，提高职工素质。

（2）确定目标值。课题选定以后，应确定合理的目标值。目标值必须定量化，使小组成员有一个明确的努力方向，便于检查，活动成果便于评价；目标值必须可实现，既要防止目标值定得太低，小组活动缺乏意义，又要防止目标值定得太高，久攻不克，使小组成员失去信心。

（3）调查现状。为了解课题的目前状况，必须认真做好现状调查。在进行现状调查时，应根据实际情况，应用不同的QC工具（如调查表、排列图、折线图、柱状图、直方图、管理图、饼分图等）进行数据的收集整理工作，收集数据时注意客观性和可持续评价性。

（4）分析原因。对调查后掌握到的现状，要发动全体组员动脑筋，想办法，依靠掌握的数据，通过开"诸葛亮"会或头脑风暴会，集思广益，选用适当的QC工具进行分析，找出问题的原因。

（5）找出主要原因。经过原因分析以后，将多种原因，根据关键少数和次要多数的原理，进行排列，从中找出主要原因。

（6）制定措施。主要原因确定后，制订相应的措施计划，明确"5W1H"，即各项问题及具体解决措施，要达到的目的目标，谁来做，何时、何地完成以及检查人。

（7）实施措施。按措施计划分工实施。小组长要组织成员，定期或不定期地研究实施情况，随时了解课题进展，发现新问题要及时研究、调查措施计划，以达到活动目标。

（8）检查效果。措施实施后，应进行效果检查。效果检查是把措施实施前后的情况进行对比，看其实施后的效果是否达到了预定的目标。如果达到了预定的目标，小组就可以进入下一步工作；如果没有达到预定目标，就应对计划的执行情况及其可行性进行分析，找出原因，在第二次循环中加以改进。

（9）制定巩固措施。若达到了预定的目标值，则说明该课题已经完成。但为了保证成果得到巩固，小组必须将一些行之有效的措施或方法纳入工作标准、工艺规程或管理标准，经有关部门审定后纳入企业有关标准或文件。如果课题的内容只涉及本班组，则可以通过班组守则、岗位责任制等形式加以巩固。

（10）分析遗留问题。小组通过活动取得了一定的成果，也就是经过了一个PDCA循环。这时候，应对遗留问题进行分析，并将其作为下一次活动的课题，进入新的PDCA循环。

以上步骤是QC小组活动的全过程，体现了一个完整的PDCA循环。由于QC小组每次取得成果后，能够将遗留问题作为小组下一个循环的课题（如没有遗留问题，则提出新的打算），因此使QC小组活动能够持久、深入地开展，推动PDCA循环不断前进。三星通过以班组为单位建立的QC品管小组，对产品品质、生产效率、成本进行改善，各公司每年对QC进行评价，并对优秀的QC进行表彰和奖励。从而有效地降低了三星产品的质量成本，从1999年的3.8亿美元一下子下降到2003年的3亿美元。

4．以提高客户满意度为质量焦点

企业依存于他们的顾客，因而企业应理解顾客当前和未来的需求，满足顾客需求并争取超过顾客的期望。为了提高顾客满意度，三星从施乐公司引进CSMC管理系统（客户满意度管理中心），定期对三星每种产品的质量状态进行评审，选出三星质量奖的优胜部门。CSMC还针对公司的质量方面制订教育和培训计划，为不同的产品部门提供有关质量和产品可靠性的咨询服务。每个产品部门都要针对CSMC提出的建议实施必要的纠正措施。同时，三星的每个产品分部都有一个客户满意度小组，负责管理本产品部门的产品质量和可靠性，且每个小组直接向总裁部门报告。

此外，三星集团还向Nordstrom百货公司学习顾客服务——Nordstrom以绝不向顾客说"NO"而闻名——三星的质量承诺已经取得了令世界瞩目的成果。1998年、1999年和2000年，三星公司宣布其质量不良率每年递减50％，2001年又比2000年减少了25％。对满意度指数的分析（客户满意度调查一年进行两次）表明，国内的最高水平为72％。三星公司已决定在进行客户满意度调查的同时，使用网上服务电话系统对客户投诉情况进行监督，从而保障改善的实施。最终，三星的客户满意度获得了韩国工业能源部的大奖。

三、研发革命

随着新技术的不断推出，要保持良好的竞争力，研发速度在当今的数码时代是至关重要的。通过有创新能力的杰出人才、一个全球性的研发网络、一个加强与供应链上合作伙伴协作的组织和一种强有力的可持续发展的投资来实现企业的持续发展，而研发则是三星工作的重中之重。特别是2010年以来，三星与苹果、微软等"业内大鳄"狭路相逢，为了站稳脚跟，三星在硅谷采取了种种动作，其中，最重要的就是"拼研发"。

1．设计创意——决定电子消费类企业成功的关键

为了保证研发的质量与速度，三星对研发的投入从来不吝啬。有数据显示，三星的研发投入占每年销售额的比例从最初的5%左右开始，逐年提升，目前已达到8%左右。这个比例虽然看起来并不高，但如果考虑到每年三星在销售额上的巨额增幅和庞大的基数，这便是一个天文数字。2011年，三星集团在年度技术博览会上发布了最新的研发计划，称将在今后5年里投资47万亿韩元（约合449亿美元）搞研发。这些研发投资的重点是开发包括半导体、显示屏和手机在内的三星的核心业务技术。这项研发投资还将用于能源、造船和存储设备等其他高附加值的部门。

与此同时，三星在世界各地兴建研发和设计机构，最主要的就是三星综合技术院和四大研发中心。三星综合技术院（Samsung Advanced Institute of Technology）是三星的中央研究所，建于1987年，在计算与智能、通信与网络、嵌入式系统解决方案、显示器、半导体、微系统、能源与环境、生命与健康以及高级材料等领域进行大量研究，为三星集团的各个公司提供技术上的支持，每年的预算大约是3亿美元。正因为有着这样雄厚的实力，技术院在世界各大高校寻求合作和高薪网罗人才，以保证其持续的研发力。四大研发中心分别在伦敦、东京、旧金山和首尔。这四大研发中心为大量高级研发人员提供了非常宽松的工作环境，让他们能够自由发挥自身的特点，孵化大量前沿的科技项目。近年来，三星更是想要在硅谷进行扩张。2012年的数据表明，三星电子正在建设中的美国综合设施高30层，完工后将容纳1万名网络和电信产业的技术人员。这也是三星电子2015年之前投资36亿美元开设的五座研发中心中的一座。

三星电子目前在全球拥有超过5.5万名的技术和研发人员，约占公司全球员工总数的1/4。与之相对的是，苹果最新的年报显示，其全球员工总数才为7.28万人，其中苹果零售店全职员工将近4.24万名。特别值得一提的是，三星为了强调对设计的重视，每年花在设计部的经费都以20%～30%的速度增长，并且每年都在全球挑选470位被认为最具创造潜力的设计师加入三星，给他们更多的权利，使其在产品外观和开发上都能够参与。为了培养具有创新意识的研发人员，三星成立了"三星艺术与设计研究院（Samsung Art ＆ Design Institute，SADI）"，用在设计现场实践教学的方式培养学生为三星的人才储备，这个学校的专职老师90%以上是来自于设计现场的一线设计师、企划师或设计经理，每年与海外学校举行共同的市场动向调查训练，并以这个调查结果调整授课形态。

李健熙曾经说过："设计创意是电子消费类企业的重要资产，也是决定企业成败的关键。"三星不仅要求它的技术能够领先于其他竞争对手，更要求在工业设计、功能配置、时尚、品位、精神体验方面为消费者提供全面的满足。在手机市场上，诺基亚一直是霸王，其方正的直板手机一直主导着人们对手机的认识。三星于2001年在中国推出了一台具有双屏显示功能的手机——SGH-A288，并配合新颖的款式和时尚的色彩，引发了年轻人的热捧，一时间成为时尚的引领者。同样，三星在笔记本市场也是凭着创新突破市场，走轻、薄、时尚的路线，一举打破了笔记本市场传统的风格，引来了大部分追求个性的消费者。自此，三星每年都会有几款亮眼的设计牢牢抓住市场。

2．三星电子的核心竞争力——核心技术和知识产权

凭借其雄厚的技术实力，三星近年来稳扎稳打，实力越发见强，即便遇到强大的对手也总能与之抗衡。2010年，苹果席卷整个手机市场，连诺基亚这个曾经的霸主也差点被挤出市场，许多大牌手机都已雄风不在。在这样的危机之下，三星移动负责设计的副总裁Lee Minhyouk顶住了压力，率领他的团队紧随苹果之后研发出了新一代智能手机Galaxy，而这款手机也真正成为iPhone的竞争对手——自2010年6月上市销售以来，三星Galaxy智能手机销量已达到4 400万部，并帮助三星于2011年超过苹果，成为全球

最大的智能手机商。在这场世界级的创意大赛中，三星最终胜出，正是得益于其对研发和设计的重视。

因为在技术和研发上的大量投入，三星对于核心技术和知识产权非常重视，视其为核心的竞争力。2010年，三星获得了4 500多项美国专利授权，成为电子信息类企业的第二名；排在第一位的是IBM公司，其获得的专利超过了5 000项。2011年，三星在欧洲各国起诉苹果侵犯其专利，并将这场战争打得轰轰烈烈，成为当年业界的一件大事。最后，这场跨国跨洲大诉讼的结果令人瞠目结舌：2012年7月，三星在英国胜诉；同年8月，韩国判决两者各有过错；而在美国，法院判决苹果胜诉；在日本，则判决三星胜诉。尽管各个国家的判决各不相同，但三星在这场诉讼中表现出了将其核心技术视若生命的重视程度。

三星对世界公认的创意老大苹果的挑战没分出胜负，而它还必须面对另外一个事实：三星目前在市场上的战略依然是在发现其他企业开拓新技术和新市场后再快速跟进。这个不争的事实多少还是让风头正劲的三星被人诟病，因此三星也正在努力摆脱这种形象。除了大量开展与新型的创业公司的合作，三星还希望进行研发和创意的革命，借此把握自己的命运，而不再依赖于其他企业的突破性创意。

四、组织结构改革

　　在管理学中有一句名言，叫作"结构决定行为"，可见组织结构的重要性，如果结构确定了一切将无法改变，那么确定合理、适合、科学的组织结构是管理者的重要职责。

1. 砍掉秘书处，增设外部董事

　　一个成功的企业，除了要有大量优秀的人才外，还必须有稳定的组织系统。在韩国传统文化背景下成长起来的三星集团，是依靠复杂的家族关系建立起来的，其组织结构自上而下高度集权，但每一层结构都有着异常复杂的关系。董事长是公司的最高领导，负责公司总的决策和规划；以下是秘书办公室，除了辅助参谋作用，还对下级部门进行监督和落实指示；再以下才是各级部门，具体负责各项事务。这样一种很有执行力的上下结构，在三星前期发展中起到了非常重要的作用。但随着三星的发展和壮大，这样的结构已经不再适合现代社会对企业的新要求。现代市场要求企业对变化反应迅速，但是上下结构会导致决策过程漫长和缓慢，不能及时应对变化。另外，集权结构会使企业弹性降低，整体表现出固化和僵硬的状态，非常不利于三星全球一流企业的定位。因此，三星进行了组织结构改革。

组织结构是为实现组织战略目标而采取的一种在职务范围、责任、权力方面所形成的分工协作体系，说白了就是企业如何进行分工、分组和协调合作。要实现企业科学系统化的管理，需要不断优化企业的组织结构。有很多世界知名的企业，发展到瓶颈期时都是通过组织结构的改革使企业焕发生机的。

比如杜邦公司，在建立之初也如同三星一样是个家族企业，发展的过程中经历了几次危机，最后都通过组织改革渡过了难关。19世纪亨利时代，杜邦在公司任职的40年中，挥动严厉粗暴的铁腕统治着公司，虽然把公司从负债50多万美元的状态做成了火药制造业的老大，但其合伙人却深受其累而心力交瘁，甚至还有人因劳累过度而猝死。在这种情况下，杜邦公司于1918年进行了改制，精心地设计了一个集团式经营的管理体制，建立了预测、长期规划、预算编制和资源分配等管理方式。在管理职能分工的基础上，建立了制造、销售、采购、基本建设投资和运输等职能部门。在这些职能部门之上，是一个高度集中的总办事处，控制销售、采购、制造、人事等工作。这样的结构调整显然比之前的组织结构更适合杜邦公司的发展，于是公司的资产到1918年增加到了3亿美元。

三星也不例外，在其发展的过程中也通过结构调整来适应新的要求。1987年11月，李健熙的"新经营"运动对组织结构进行了改革，主要是针对原来设置的机构——秘书处。在设立之初，秘书处上行下效使公司事务运行正常，起到了非常重要的作用。但由于其职能范围广泛，对公关活动、策划执行、人力资源、财务管理，甚至技术研发都有所涉足，这就使得秘书处的界限不是很清楚。随着公司的发展壮大，这个什么都能管的机构，占有了三星近30%的经营权，几乎三星全球所有的分公司、子公司都受秘书处的监管。此时的秘书处由于权力过大，已经阻碍了公司的发展，不得不进行改革。经过几次循序渐进的改革后，三星引进了西方先进的管理技术，增设了外部董事，主要对董事会的决策进行监督。而原来的秘书处被取消，取而代之的是结构调整总部，是结构改革后三星最重要的辅助结构。事实上，改革之后的结构调整总部与会长李健熙和总裁团在三星内部形成了著名的"铁三角"结构，使三星的决策模式更加稳定，更加容易对外部做出反应。

在现代管理学中，企业的组织结构被分为很多种，其中备受推崇的就是三角结构。由股东大会、董事会、监事会在企业内部形成一个三角形的关系，相互监督相互制衡，彼此之间权责分明，又可以相互协调，由此形成稳定、风险小的决策结构。而在各个分公司，也有类似的三角结构，大大简化了组织内部的决策程序，使组织进一步扁平化，能够更有弹性地对市场需求做出有效的反应。

三星内部的铁三角模式是以李健熙为顶点的，也就是说李健熙是三星的总策划人，他全面负责三星的发展规划和发展方向，为企业制订合适的战略规划。总裁团位于三角的左侧，也就是所有战略规划的执行者，他们完成三星公司的具体经营，按照会长的战略规划发展企业的各项业务和项目，保证所有战略的可行性。结构调整总部位于三角的右侧，既是一个智囊团——帮助会长完成企业的战略规划，确保战略规划的实现步骤；又是一个观察者——密切注意公司内部和市场的变化，及时向总裁和会长反馈，以便其准确地应对。比如20世纪90年代，半导体行业陷入了衰退的境地，三星也没能在这场衰退中幸免。结构调整总部对三星的危机迅速做出了反应，建议在集团内各个企业降低人力成本，进行大幅度的裁员。裁员的建议迅速报知李健熙和各位总裁。旗下企业反应强烈，给结构调整总部带来了巨大的压力。结构调整总部需要根据反馈来调整裁员的策略，李健熙对此给予了充分的支持和信任。最后结构调整总部将裁员这个方针执行了下去，最终挽救了三星公司。

2．改革会计制度

即便企业内部有三角形的组织结构，"三角"间的相互制衡、相互协调的关系也仍然存在着问题。比如在企业中，权力的大小往往依据掌握的资本而定，股东和董事长的作用逐渐居于幕后，实际把握经营大权的管理者掌握了更多的控制权，很容易脱离股东大会的实际控制，因此也需要通过一定的方式进行调整，使三角关系更加稳定。三星是由家族企业发展起来的，董事会内部靠家族关系维系起来，重大决策由股东决定，根本不需要外部董事等职务。没有监督的机制，三星的财务状况一直比较隐蔽，内部各种交叉担保关系错综复杂。亚洲金融危机过后，三星作为韩国的大财团之一也陷入了财政危机，银行要求三星提供较为透明的财政信息，从而引发了三星对董事会制度的改革。

三星首先于1997年引入了外部董事职位，加强了对董事会成员的监管，帮助董事会增强运营能力，为股东谋取更多的利益。如今外部董事会成员已经占到了整个董事会人数的1/3，拥有相对独立的审计资格，对公司的财务状况进行核查，保证了一定的透明度。其次，三星改革了会计制度，引进了国际通行的会计指标，尽量理清集团内部各公司之间的交叉担保贷款，恢复各公司运作的相对独立性。

企业腐败问题向来对企业有着严重的影响，轻则破坏企业的文化氛围，重则导致企业的毁灭。近些年来，企业腐败案越来越多地被曝光在大众面前，人们对企业腐败问题越来越重视，特别是在韩国这样一个传统社会中，人情世故避免不了，就很容易滋生企业腐败事件。三星为了遏制企业内部的腐败现象，成立了一个专门的反腐督查组。李健熙对督查组的定位就是预防，一定要在腐败发生前就将其"扼杀"在萌芽状态。督查组对内对员工进行严格的审核，对外对三星的供应商、客户严格要求。2001年，三星一家公司的采购部被查出了腐败事件，督查组对此进行了彻查，开除了所有的涉案员工，其中企业功臣的裙带关系也毫无例外。在对腐败的严查严处下，三星形成了良好的氛围。大家自觉防腐，连与客户吃饭都有一定的限额，超过限额则会自掏腰包，更少有吃回扣的现象。

三星创始人李秉喆

第五章

三星的品牌建设

一、品牌漫漫成长路

可口可乐公司CEO罗伯特·郭思达（Roberto Goizueta）曾说过："我们所有的工厂和设施可能明天都会被全部烧光，但是你永远无法动摇公司的品牌价值。所有这些，实际上来源于我们品牌特有的良好商誉和公司内的集体智慧。"由此可见，品牌是一个企业的灵魂，是企业存在和延续的价值支柱。众所周知，产品本身是没有生命的，只有产品，没有品牌，产品是很难生存的。是企业赋予了产品以生命和价值。因此，只有重视品牌，构筑企业自身发展的灵魂——品牌，企业才能得以持续发展。

1. 品牌建设的初期阶段——强化品牌内涵

作为一个快速发展的知名企业，应明确其品牌的竞争个性是否与企业的经营能力和技术现状相互匹配，是否适应品牌的内涵及文化，是否具有独特性和差异性。

品牌一定要具有内涵，其定位中的属性、价值、利益、个性、文化和使用者特征等要素要清晰而独特。

从起点到腾飞，三星像新生儿一般经历了出生慢养、蹒跚学步、成长发育的过程。20世纪90年代中期之前，三星作为韩国的四大企业财阀之一，在政府的扶持下，其业务领域已然扩展到从衣食住行到宇宙航天，无所不包，庞大的企业规模使得三星无可争议地成为在那个时代的韩国以及世界范围内都相当知名的大品牌。但是当时三星集团对它旗下的品牌管理相当不重视，一度还曾有过55家之众的全球广告代理公司负责三星的品牌推广这一重要业务。三星这一做法使得三星整体品牌形象在市场上、渠道间趋于模糊，消费者对三星的品牌辨识度不高。因此，三星的品牌建设无法深入人心，在全球市场中更是毫无品牌竞争力可言。

三星的品牌建设犹如生命周期中的发育期一样，直接顾客对该品牌的产品会通过相关渠道进行反馈，产品现状的好与不好都有传播的动力和空间，顾客反馈的这些信息具有一定的普遍性。从实际状况来看，即使企业单就该品牌产品的技术、外观、包装、品质和服务等产品成分下再多功夫，可能也不会带来太多市场份额的大变化。而先参考顾客反馈的信息和要求，三星再去进行产品适应性或技术超前性的调整，也是基础的品牌打造手段。

对于品牌的市场定位、竞争个性定位和内涵定位，企业根据市场表现和顾客的反馈信息来规划是不错的。三星理念清楚，在品牌树立的初期，其规划的重点落实在思维上，就是要重新审视品牌的价值定位市场——定得是否够合理、是否贴近市场、是否能够最大化赢利、在某区域市场是否有产品对手，或者产品是否有优势或缺陷等。

2．品牌成长期——推广

品牌成长期所采用的推广方式恰当与否，关系着品牌的竞争力和其影响力的提升。因此，企业在打造品牌的同时，还要评估现有的推广模式，看哪些有利于品牌的提升。

目标顾客往往难以准确把握企业推广的主题，即便可以，也会因主观性太强而没有更高的参考价值。这势必要求企业在进行品牌推广时，首先要认真、客观地分析现有推广模式中存在哪些不适应。譬如有拓展媒体的选择问题、媒体投放的频率问题、企业的管理和控制能力问题、营销能力问题、推广人的理念和执行层面等问题。总之，成长期对于推广的步骤、推广的协同力和推广的创新性要求都相当高。

品牌的美誉度来自品牌的准确诉求和产品的质量，顾客忠诚度来自产品的创新功能、其价格合理的组合及品牌的核心价值。而且，品牌是先有知名度，再有美誉度，接着才会带来忠诚度，那么，已经处在品牌成长期的三星已经具有较高知名度了，为了使品牌的美誉度和忠诚度得到相应提升，企业必须进行有效的品牌架构梳理。很显然，品牌管理的重点是三星集团的腾飞起点，三星一面做精神品牌的提升建设打造，一面严格追求更具创新的产品技术，提高和完善产品质量，确立并体现品牌的核心价值。只有这样，品牌的美誉度和忠诚度才有可能同步提升，品牌价值也才会在日后逐步被体现出来。

没有美誉度和忠诚度的品牌，是经不起市场的检验的。

1996年，秦池酒业勇夺ＣＣＴＶ标王，由此带给秦池企业巨大的品牌影响力，从此，秦池再也不像以前那样需要自己去拓展市场、争取市场，而是别人直接找上门来订购，因此秦池没有什么理由不走向成功。这一年秦池的销售额比1995年增长了500%以上，利税增长600%。秦池完成了从一个地方酒厂到全国知名企业的飞跃。

所有人都以为秦池取得了决定性的绝对成功，然而，这一年，秦池集团再次以3.2亿元的天价卫冕CCTV标王，却带来了与首夺标王时截然相反的结果。这一回舆论界对秦池更多的是质疑，人们猜测秦池要消化掉3.2亿元的广告成本，估算秦池必须在1997年完成15亿元的销售额，产、销量必须在6.5万吨以上。那么，秦池准备如何消化巨额广告成本？秦池到底有多大的生产能力？广告费会不会转嫁到消费者身上？

1997年年初，某报编发了一组通讯，披露了秦池的实际生产能力以及收购川酒进行勾兑的事实。这组报道被广为转载，引起了舆论界与消费者的极大关注。由于秦池没有采取及时的公关措施，过分依赖于广告效应，因此，在新闻媒体的一片斥责声中，消费者迅速表示出对秦池酒质量的质疑。秦池的市场形势全面恶化。

尽管秦池的广告仍旧铺天盖地，但销售收入却比上一年锐减了3亿元，实现利税也下降了6 000万元。1998年1—4月，秦池酒厂的销售额比1997年同期下降了5 000万元。1996年年底和1997年年初加大马力生产的白酒积压了200车皮，1997年全年只卖出一半，全厂10多条生产线也只开了4～5条，亏损已成定局。由此，曾经辉煌一时的秦池模式成为转瞬即逝的泡沫。

因此，没有美誉度的品牌是不起市场考验的，更无法建立起品牌的忠诚度，两者一失，品牌尽失。

3．品牌做大的核心——质量

翻开品牌的历史，会发现它们都拥有独一无二的故事。三星对产品质量有着近乎苛刻的标准，三星产品在公司内部的可靠性测试是全世界最为严格的测试。关于强化质量管理，我们中国海尔在20世纪80年代曾传出过著名的"砸洗衣机"事件，企业对声誉、品牌价值都珍视如生命。三星则在20世纪90年代同样有过著名的"烧手机"事件——三星集团总裁李健熙把价值5 000万美元的库存问题手机全部付之一炬，并对外宣称"产品缺陷就是癌症"。经过长期不懈的努力，三星产品质量优异的报道开始不断见诸报端，媒体还曾经报道三星手机在被二吨重的汽车轧过之后或者在洗衣机里浸泡之后仍然可以使用。

4．品牌提升的关键——创新设计

2005年年末，三星集团宣布将在未来5年中投入450亿美元用于研发新技术、上新产品。2006年，三星在美国申请专利数位居第二，仅次于IBM，并且多年超过昔日的标杆公司索尼。

后来的三星对工业设计情有独钟，三星把1996年的跃升评定为"设计革命年"。设计评审，是指对设计所做的正式的、综合性的和系统性的审查，并写成文件，以评定设计要求与设计能力是否满足要求，识别其中的问题，并提出解决办法。设计评审是对一项设计进行正式的、按文件规定的、系统的评估活动，由不直接涉及开发工作的人执行。设计评审可采用向设计组提建议或帮助的形式，或就设计是否满足客户所有要求进行评估。在产品开发阶段通常进行不止一次的设计评审。三星在工业设计界屡获殊荣，2005年，三星在IF工业设计"奥斯卡"中荣获45项大奖。"IF Design Award"是全球最负盛名的工业设计大奖，由德国产业展览有限公司及其他设计相关团体于1954年成立。该奖以振兴工业设计为目的，每年召开国际性竞争大赛，这个奖项也被公认为是全球设计大赛最重要的奖项之一。该奖项的评奖团由国际顶尖设计师组成，经过严格筛选产生的获奖作品，都是设计卓越的传世之作。多年来，一些著名的"IF Design Award"获奖产品给全球用户留下了非常深刻的印象，比如：LG LCD20B显示器、Apple笔记本、IBM的ThinkPad笔记本及三星的多款产品。对于一个产品来说，获得"IF Design Award"的意义是非凡的，因为它不仅代表专家的"叫好"，而且还代表着用户的"叫座"。三星的设计在美国囊括了美国工业设计师协会的19项大奖，其获奖总数甚至超过了美国的苹果公司跃居首位。目前在设计领域，可以说只有美国的苹果公司能够与三星比肩，IBM、索尼等公司则都相形逊色。

5. 三星品牌再造——统一品牌形象

三星在经历了那场亚洲金融危机之后，它的状况是几近破产，这更使得三星集团总裁李健熙认识到品牌建设的重要性。

1999年，经总裁决策确定，三星集团正式组建了它的品牌战略团队，主要目标是打造国际化大品牌。三星首先要做的就是整合全球50余家广告代理公司对三星的代理权限，重新规划打造三星的品牌辨识度。作为第一步，三星选择了全球五大广告集团之一的IPG统一负责三星集团的全球品牌业务，三星的品牌形象从此得以统一化，"品牌第一"成为三星的企业理念！

其次是理念，三星着眼于品牌战略，它的设计理念是文字采用英文——SAMSUNG。选择世界通用的英语表示，体现了三星向世界进军的意志、与国际接轨的理念；体现了三星不仅仅是韩国的，更是世界的。文字采用成熟的标识体，视觉上，蓝色是海洋色，也是天空的颜色，蓝色可以使人心情开阔。整个LOGO的设计强调了追求技术更高更新的理念，并给人一种高科技企业的形象感觉。形体采用椭圆形，而椭圆形象征宇宙和世界包容，给人一种跃跃欲试的感觉。这个设计主旨体现了三星人富于创造和挑战的性格，以及勇于革新、励精图治的精神。两端字母为：S和G。以S开头和以G结尾，两字都有开口部分，表明三星集团是与外界息息相通，为人类社会服务，既是三星集团经营的出发点，又是它的归宿，体现了三星与各国消费者和谐共存的理念。从此三星单一品牌策略确立。与此同时，三星深深地意识到电子产业正在由模拟时代向数字时代转变，全部品牌内涵用数字化概念整合，不仅是提炼出了"Samsung Digital"这样一个核心概念，也为三星品牌塑造提供了一个有效的传播和支撑点。自此以后，在全球范围内三星进行了整合广告运动，强化了"Samsung Digital, Everyone's invited"的宣传口号，树立了三星在数字化时代最具领导者风范的品牌形象。三星还设立了"集团品牌委员会"，并且规定了所有三星集团下属公司在海外市场使用三星品牌时都需获得"集团品牌委员会"的许可。三星集团还设立了每年预算高达1亿美元的集团共同品牌营销基金，用以有效推进公司的品牌战略。自此，三星系统化管理品牌的构架得以确立。

二、高端策略的品牌战略

品牌战略规划对于一个企业在新品牌营销时代的发展意义重大，卓越高端的品牌战略规划可帮助企业明确统一目标，充分整合旗下品牌营销资源，建立起真正强势的大品牌，展开风格品牌管理，并有效降低营销成本，快速提升销售量，进而不断进行品牌资产的累积。

1．品牌建设的三个步骤

众所周知，建设一个成功的品牌，是必须要经过三个阶段的：

第一，前期规划阶段。一个好的品牌的孕育出世，规划是重点，好规划会帮助企业完成大半品牌建设的工作；相反，一个不合适的品牌规划，足以毁掉企业的品牌，甚至毁掉整个企业。三星做规划时，凭借做品牌的十大要素提出了非常明确的目标，然后制定了实现目标的措施。对于一个已经发展多年的企业来说，首先要对企业的品牌做诊断，找出基于品牌建设中的问题，总结出优势和缺陷。这是品牌建设的前期阶段，也是品牌建设的第一步。

第二，全面建设品牌阶段。这个阶段中最重要的一点，就是确立品牌的价值观。确立什么样的价值观，决定企业能够走多远。有相当多的企业没有明确、清晰而又积极的品牌价值观取向；更有一些企业，在品牌价值观取向上急功近利、唯利是图，抛弃企业对人类的关怀和对社会的责任。我们在前文中曾提到过秦池酒业的案例。秦池的失败关键在于企业抛却了社会责任，以为以巨额的广告影响力可以弥补这一缺失。然而，任何有违社会道德责任的企业最终都会被人们所抛弃。

第三，形成品牌影响力。企业要根据市场和企业自身发展的变化对品牌进行不断的自我维护和提升，使之达到一个新的高度，从而产生品牌的影响力，直到能够进行品牌授权，真正形成一种资产。

这三个阶段，都不是靠投机和侥幸完成的，也不能一蹴而就。三星的品牌建设分分秒秒都是基于与对手竞争的强大计划，从根源上看，竞争者只是不希望自己的市场份额缩小，也不希望自己的品牌影响力被一个新品牌所遮盖住。这意味着企业的推广阻力会因竞争者的反击而加大，并可能需要有额外的付出。尽管竞争者的目的十分纯粹，但是三星依然没有掉以轻心，竞争者一般会从产品、媒体投放力度和推广模式等三方面追随三星的计划。如果竞争者实力庞大且其品牌的市场定位趋于相同或相似，那么企业可能在营造产品的差异化、专注于相对狭小的市场和设立差别化服务等方面尚存胜出的机会，迎头反击极有可能使品牌遭受不可逆转的打击；如果与竞争者实力相当，迎头反击也绝非一种良策，两败俱伤是商场上的大忌，陷入低级别的价格战更不可取。因此，企业可以就技术、渠道、服务和产业链升级方面与竞争者建立战略联盟关系，共同分割现有市场或合力扩展至其他市场。同时，在合作无望时，企业应该花大量精力和时间去分析竞争者的技术缺陷、产品组合漏洞、服务方面的不足、定位和诉求的模糊点、传播和推广的脱节等方面，相信总会找到令对手措手不及的地方。如果竞争者的实力小于本企业，那么就应该正面迎战，但也必须讲究投入与产出比。三星企业就根据竞争者规模手段等方面的不同而及时采取了预防、防御、进攻等不同的措施。使其产品逐步在市场形成品牌影响力。

2. 品牌战略中产品是载体

在数码电子消费领域，优质产品是知名品牌的主要载体，如果没有能够引领市场的"神器"产品，大品牌的塑造便只能是梦想。三星在基本经营能力的基础上更加强调自身的"技术优势"，在脚踏实地地塑造形象的同时，也为实际产品增强了技术优势。如今三星依然具备预测市场动向的能力，以及根据市场分析结果随时可以做出投资的巨大的"资本能力"。这要追溯到20世纪90年代中期，三星对世界一流消费电子产品开始进行收集并且投入标杆分析（Benchmarking），于是打造全球领导地位产品成为其行动力之源。后来三星推出了"World Best，World First"的产品战略，以最快的速度向市场推出堪称"世界最佳"或"世界第一"的产品。这些产品在同类产品中卓尔不群，再辅以有效的营销方式打造市场的热门产品，最终成为领导市场的旗舰产品。目前三星已经拥有了8个全球占有率排名第一的产品。

三、把营销做得更精致贴心

品牌不仅是企业财富的象征，还是国家实力的象征。品牌营销的成败影响着名牌的诞生与否。品牌是消费者对一个企业及其产品质量、服务、形象文化价值等形成的一种评价和认知。因此，与其说营销品牌，不如说经营品牌，这就是说品牌营销贯穿于企业运营的全过程。

1．成为主流价值链上的企业

全球化，特别是经济全球化，以及由此产生的离岸、外包、对外直接投资等形式，正越来越深刻地影响着当今世界经济，丰富而多样化的经济形式催生了更为复杂而多变的投资、生产等模式。在这个快速多变的经济舞台上，企业集群以一种新的成规模的组织形式逐渐取代单个企业在世界经济舞台上的表现，集群之间的竞争取代了单个企业间的竞争，渐渐成为当今世界经济、投资领域的重要现象。同时，在生产的组织形式上，离岸、外包等方式使散落于世界各地的企业集群正扮演着各自不同的价值创造功能，而世界各地的企业集群则成为一条条纵向的价值创造链条上的一个个环节。

做主流价值链上的企业也就成为三星企业发展中非常重要的一环，在此之前的三星是等客户下完订单之后，再去找相应企业进行加工生产制造。为了能够抢时间，企业会在订单获得之前先估计市场情况，储备其生产订单所需要的供应链。那么，如此一来，一旦市场发生变化，整个链条上的一批货就会全部积压下来。因此，在这个链条上相关的一些代加工企业根本就不清楚自己是如何垮掉的。针对这种现状，三星开始不再单纯地仅从订单和市场去孤立地看问题，而是关注整条价值链，根据市场现状他们整合了一个团队。团队目标非常清晰，技术和技术的应用团队都在这群人当中。利用他们对供应链的了解，以及对这些技术的了解，他们开始研究出一系列的解决方案、产品以及渠道供应环节，然后跟客户去讨论，确认每个环节的工作应该如何去做；再根据讨论拟定下来的方案进行开发、下订单。这样一来，团队使得整个产品的周期缩短了，其准确性也提高了，于是客户端的价值链便开放给他们，他们就渗透到客户端去做技术合作了。这时你会发现，这个团队可以起到很好地控制整个价值链的作用。经过几年以后，公司已经占领全球一定的市场份额，无论经济怎么波动，三星在主流价值链上的公司都不会被市场所淘汰——不仅能在"危机"中存活下来，而且"活得"很好。

2．赞助营销模式——奥林匹克全球赞助计划

在三星品牌打造、从优秀飞跃到卓越的过程中，赞助营销模式功不可没，而在赞助营销模式之中，TOP计划的作用举足轻重。TOP计划原称奥林匹克全球赞助计划，或称国际奥林匹克营销计划，它是指TOP计划中的赞助商通过向国际奥委会、奥运会组委会和202个国家奥委会提供资金、

企业产品、技术和服务来支持和发展整个奥林匹克运动。如今又改为The Olympic Partner，即奥林匹克全球合作伙伴。1997年，三星受累于亚洲金融危机，在资不抵债的情况下，三星集团总裁李健熙力排众议，签约成为奥林匹克合作伙伴，从1998年长野冬奥会开始启动TOP计划。从此以后，三星的体育营销一发不可收拾。三星当时没有把力量直接用于针对终端客户的推广，而是以"曲径通幽"的策略，达到了"四两拨千斤"的效果。

而现在，在奥运会赛事上总可以看到三星作为顶级赞助商的身影，这个就是推广的观念与格局！

2007年4月，三星集团总裁李健熙在北京和奥运会组委会正式签约，三星作为奥运会无线通信正式赞助商，与国际奥林匹克委员会的奥运赞助合同将延长至2016年，而将奥运赞助合同签订到2016年的企业仅有可口可乐和三星两家。

三星之所以能够迅速在全球范围内实现其品牌扩张，提升其品牌美誉度，奥运会赞助这一步棋走得十分正确，当然还有其他的一些活动加以辅佐。同时，三星产品通过奥运会赞助，成功地把自己的良好设计理念推销出去，即使是充满浪漫气息的艺术与设计的国度——法国与意大利，也无不被三星产品完美精良的设计所折服，由此可见三星奥林匹克全球赞助计划的成功之处。

四、向三星品牌学习

《商业周刊》品牌榜的制作方Interbrand中国区总裁陈富国认为，三星品牌传奇的驱动力是清晰的品牌定位路线。三星清晰的品牌战略实则来源于其前瞻性的战略眼光以及与技术创新一脉相承的品牌战略。对于中国企业而言，单纯的模仿总是会陷入"东施效颦"的尴尬之中，我们应当向三星学习的是其特有的前瞻性眼光。要抓住新的机会实现超越，树立企业品牌内涵，并切实贯彻于企业运营的每个细节之中。

1. 三星的品牌魅力——时尚、动感、科技

随着计算机和互联网的普及，随着互联网时代的到来，人们的休闲生活越来越丰富多彩，其中之一便是网络游戏的盛行。如同雨后春笋般冒出来的网吧，以及快速增长的PC生产量，使得人们接触到互联网的机会越来越多，这就为网络游戏的传播与发展创造了可能。众所周知，数量庞大的网民群体中，年轻人占了绝大部分，网络游戏丰富了社会公众的文化娱乐生活，深受广大年轻人喜爱，这更促进了游戏产业的蓬勃发展。作为游戏产业大国的韩国，自然是受益匪浅。其网络游戏产业发展迅猛，目前号称亚洲网络游戏第一大国，也是世界网络游戏强国。

电子竞技运动得到了蓬勃发展。韩国是网络游戏的宗主国，在韩国政府的推动下，世界电子竞技大赛（WCG）成为全球参与人数最多、推广最为成功的电子竞技赛事之一，素有"电子竞技奥运会"的美誉。三星作为韩国的明星企业，无可争议地成为WCG的官方冠名赞助商。自2001年以来，三星电子已连续7年成为WCG的全球官方合作伙伴。三星品牌的核心概念是"Samsung Digital"，通过赞助WCG打造一个实现数字整合的公众体验平台，让人们感受到三星时尚、动感、科技的品牌魅力，进而提升三星的品牌影响力。

三星用了那么多年"磨一剑"，实现了品牌从优秀到卓越的成功蜕变，成长为全球消费电子第一品牌，位居全球品牌百强排行榜第20位。随着中国经济实力的日益增强，中国也涌现出众多国内知名品牌，强大的品牌建设是一个系统工程，而其价值塑造更是艰巨。对于中国企业来说，如何全面展开和系统纠偏是重要的。像20世纪90年代的三星一样，这些中国名牌企业很多都实现了产品的国际化，但在世界品牌之林中却难觅其踪迹，迄今为止尚无一家中国企业入围全球品牌百强。品牌国际化是提升中国企业竞争力的重要契机，也是中国世界级品牌诞生的必由之路，这已成为中国企业的共识。

2．大海上冉冉升起的太阳——海尔

2005年，英国《金融时报》和美国麦肯锡公司联合从全球视角对最具影响力的中国品牌进行调查。麦肯锡公司是由James O. McKensey于1926年创建的，同时它也开创了现代管理咨询的新纪元。现在麦肯锡公司已经成为全球最著名的管理咨询公司，在全球44个国家和地区开设了84间分公司或办事处。麦肯锡目前拥有9 000多名咨询人员，分别来自78个国家，均具有世界著名学府的高等学历。

中国海尔荣登全球最具影响力十大中国品牌榜首，是代表中国的旗舰品牌。当年海尔起步时，全套设备从德国利勃海尔公司引进，对方的品牌识别是一个图形——圆圈内写上德文"利勃海尔"的缩写。当时双方签订的合同规定，允许中方在德方商标上加注厂址青岛。于是，便有了"琴岛—利勃海尔"的字母缩写。

"两个小孩"图案当时被称作厂标，它的来历是这样的：海尔人认为，德国人在世界上树立了美好的形象，他们以讲信誉等优良品质著称，德国制造的产品也以其技术精良、质量优异而闻名。为了体现中德合作生产电冰箱这一特点，给用户以稳重、信任感，厂里将厂标设计为中德两个儿童亲密无间、如同兄弟般的图案，喻指本冰箱是两国人民精诚合作的产品，质量是一流的，并且会像小孩子一样，从东方升起的海尔企业会不断成长壮大。

由于企业经营得法，中国海尔日趋成功，产品日益畅销，出口量不断增加。但起初采用的"琴岛—利勃海尔"企业标志与德方近似，影响国际市场对青岛海尔的辨识。同时，当时企业名称"青岛电冰箱总厂"与海尔产品商标"琴岛—利勃海尔"又不统一，也造成了不利识别等弊端。经过几次研究变更，1991年企业名称简化为"青岛琴岛海尔集团公司"，产品品牌也同步过渡为"琴岛海尔"牌，实现了企业与产品商标的第一次统一。此后又导入企业识别体系，并推出了以"大海上冉冉升起的太阳"为设计理念的新LOGO，中英文标准字组合"琴岛海尔"，以及"海尔蓝"企业色，形成了集团CI的雏形。这一阶段，被海尔人称之为第二代识别系统阶段。

接着，1993年5月，琴岛海尔集团经过调研，决定将第二代识别系统的中文标志去掉，直接将企业名称简化为"海尔集团"，把英文"Haier"作为主识别文字标志，集商标标志、企业简称于一身，设计追求简洁、稳重、大气、信赖感和国际化。

之后推广"Haier"，集团以中文"海尔"及海尔组合设计作为辅助推广手段，以树立长期稳定的视觉符号形象。这种抛开抽象、具象图形符号标志，追求高度简洁的超前做法，顺应了世界设计趋势，为企业国际化奠定了良好的形象基础。在所有行动的基础上，海尔集团把企业识别系统看作一个生命过程，而非一种表现形式，在企业发展中以务实的态度不断完善企业视觉识别要素，进行改进、否定、再改进的不断重复。"海尔"的诞生跟它所代表的企业的发展一样，没有大起大落，海尔品牌的三次演变互相连贯，逐步简化，以极少的宣传投入，成功实现了自然过渡。从"琴岛—利勃海尔"到"琴岛海尔"再到"海尔"，这六字逐渐减至两字的历程，让人悟出了海尔人懂得民族情感的价值。但海尔又是开放的，它的形象广告用了外国人形象，这体现了它的战略意图：不是让海尔成为纯粹的中国品牌，而是让它成为国际化的品牌。

3．中国品牌

我们再来看联想。联想在中国企业排行榜中位居第二，通过收购IBM

电脑布局全球，在全球市场的品牌影响力日益增大。中国人之间流行一句话："人类失去联想，世界将会怎样？"随着中国人学习能力的空前增强，一系列的自有品牌异军突起，如青岛啤酒、华为等优秀品牌也都榜上有名。根据经济规律和历史经验，当一轮经济浪潮席卷一片土地时，将为这个国家留下诞生2~3个世界级品牌的机会。放眼当今世界，全球经济热点非中国莫属，中国这些家喻户晓的优秀品牌，在国际化征途中是否也能像三星一样在凤凰涅槃之后获得重生，从优秀走向卓越，成长为世界一流品牌？我们期待着中国世界级品牌的早日诞生！

三星创始人李秉喆

第六章

三星的企业哲学

一、三星的企业文化

　　我认为人类社会最高的美德就在于贡献，人类所经营的企业使命无疑也一定是为国家、为国民以及为人类而服务。企业的社会性服务就是通过纳税、薪金、分配，为国家的运作打下良好的基础，同时也为企业自身的维持和发展做出贡献。

——李秉喆

1．培养认真、执着、进取、好学的"三星人"

　　众所周知，三星企业非常重视员工培训。为此，三星集团成立了专门的人力开发院，对其员工进行培训，并在全球范围内进行人才战略储备。企业内部的培训就是围绕着这个企业的事情来锻炼学习，并且一定是随着企业的规章制度进行的，这是一个沟通的概念，而不是一个简单的知识教育体系。透视企业教育，在这个领域当中，要更多地去向生产作业过程学习，而不应该仅仅是简单地派人去上个MBA、EMBA就算培训学习了；不是看人是哪个专业体系、哪位名师的学生，而是应该让内部的专家走到学校里面去，一如师父带徒弟的道理。而管理者的基础培养，也要从老板开始，老板要亲自带领人，亲自带领学生学习，然后让他去经历很多事情，这样，有一些知识即使不进学校学习，人在实战里也能获得，并且可以用来面对困难、处理解决问题。所以，三星公司的理念就是：你若不是指导教官，你就不会是个好的企业管理者。三星秉承这种培养人才理念，创办了自己的企业大学，从企业内部逐渐培养管理者。这使得在三星工作的员工都有相同的成长、成才的机会。

为了进一步宣传三星的价值理念，2005年年底，三星集团人力开发院举办了为期4天的全球三星核心价值观讲师培训。参加此次培训的讲师来自美国、欧洲、中国等全球各个国家和地区，他们对三星的企业文化和企业核心价值观做了深刻的探讨和理解，在未来他们正是三星核心价值观的传播者。在这些培训师身上，体现着国际大企业的风范，有着一定可以做好核心价值宣传的姿态。最重要的是他们有着三星人共同的特点：认真、执着、进取、好学。

其实，不仅仅是在三星的这些专业讲师身上，在所有三星普通的员工身上都可以看到同样的精神：工作作风细致、快速、准确；每个员工对待自己的工作都是精益求精、一丝不苟，争取做到最好。举个例子来说，三星员工有着非常好的工作习惯。在三星的工作区域里，每个员工桌子上的东西都摆放得整整齐齐，文件等各类东西归置得井然有序；下班离开时，所有员工都会习惯性地把自己的椅子放置于桌子正下方，把桌面收拾干净，从无例外。走进三星的工作区域，这样的工作环境往往令人精神为之一振，即使见不到三星的员工，也必然觉得在这里工作的人个个都斗志昂扬、精神百倍。这正是三星企业一直坚持不懈地贯彻5S培训和管理的成果。相反，很多企业虽然经常宣称自己已经搞过5S培训和管理，但对他们的企业进行一番认真细致的考察之后，往往发现他们的员工工作区乱七八糟，桌子上文件堆积如山。员工翻找文件会花费不少时间，领导检查时他们才会突击"箱子文化"，一收了事，检查过后所有物品又"重出江湖"。椅子随意放置，即使经过一段时间的整顿改善了一些，也很快就会恢复原状。究其根本，无非是企业文化底蕴不够深厚，员工培训工作不够彻底，员工根本没有养成良好的工作习惯，企业靠的是用人的思想意识左右人的行为模式。

三星人的这些宝贵特点，和三星的企业文化有着密不可分的联系。可以说，员工的作风和精神面貌，完全得益于三星独特的企业文化。三星人跟三星企业是水乳交融的，人的身上渗透着企业的点点滴滴。三星企业文化的核心价值之一就是彻底的"第一主义"，它的主张——要成为世界第一，就是要求三星人不论在事业还是专业技术上，都要把这样的强势理念落实下去。"第一主义""完美主义"是三星创始人李秉喆创立公司时就提出来的理念，这一理念伴随着三星的创立、发展直至壮大。1993年，这一理念再次被强调并得到了升华："三星要在所涉足的所有领域里追求第一，成为这些领域里最先进、最好的企业。"可以说，正是这样的目标和理念，成就了一代代追求卓越的三星人，也正是这样鲜明的信念决心，成就了今天的三星，使得三星傲立于世界！

三星的企业文化，是三星能取得今天成绩的非常重要的一个成功因素。考察三星的整个文化体系，你会发现，其企业文化无论是架构还是内容，都有着鲜明的特点，使得三星区别于其他的公司。正是这样卓尔不群的企业文化、企业理念，成就了三星国际化企业的成功，成就了三星人的成长飞跃。虽然说每个企业的文化都是独特的且不可复制，但是，仔细考察并认真研究三星的企业文化，能让我们对这个企业巨人有更深刻的认识，同时，也能为所有企业的成功和发展提供有益的借鉴。

2．企业文化的三个层次

企业文化这一概念很早就被人们关注，它的提出源于日本经济发展的奇迹，进而引起美日管理学研究比较的热潮。通常企业是以营利为目的的经济组织，故企业文化是组织文化的一种特殊形态。但企业文化不能完全等同于组织文化。我们确认企业文化是企业个性意识及内涵的总称，其能为企业组织行为所体现。企业文化常常指企业全体员工在企业运行过程中所培育形成的、与企业组织行为相关联的并事实上成为全体员工主流意识而被共同遵守的最高目标、价值体系、基本信念及企业组织行为规范的总称。企业文化集中体现了一个企业经营管理的核心主张，以及由此产生的组织行为。企业文化由三个层次构成：

第一，企业物质文化。

企业物质文化是由企业员工创造的产品和各种物质设施等构成的器物文化，它是一种以物质为形态的表层企业文化，是企业行为文化和企业精神文化的显现和外化结晶。

企业标识，如企业名称、企业象征物等。

生产或服务，如生产制造出质量可靠、性价比高的商品。

工作环境或厂容，如办公环境、经营环境均为整洁、明亮、舒适。

技术装备，如配置先进、适用的机器设备。

后援服务，如为服务对象提供无微不至、主动、便利的服务。

人才资源，如通过全程、终身培训使员工均达到行业优秀水平，人尽其才。

福利待遇，如公司员工通过辛勤劳动获得领先于同行业和当地的工资、福利待遇。

第二，企业制度文化。

企业制度文化是由企业的法律形态、组织形态和管理形态构成的外显文化。合理的制度必然会促进正确的企业经营观念和员工价值观念的形成，并使职工养成良好的行为习惯。

企业目标：企业目标是以企业经营目标形式表达的一种企业观念形态的文化。

制度文化：制度是一种行为规范，是任何一个社会及组织团体正常运转所必不可少的因素之一。它是为了达到某种目的、维护某种秩序而人为制定的程序化、标准化的行为模式和运行方式。企业制度的基本功能如下：

企业制度具有企业价值观导向的功能；

企业制度是实现企业目标的保障；

企业制度是调节企业内人际关系的基本准则；

企业制度是组织企业生产经营、规范企业行为的基本程序和方法；

企业制度是企业的基本存在和功能发挥的实际根据。

第三，企业精神文化。

企业精神文化，是企业在生产经营中形成的一种企业意识和文化观念，它是一种意识形态上的深层企业文化。

说通俗点儿，就是每一位员工都明白怎样做是对企业有利的，而且都自觉自愿地去这样做，久而久之便形成了一种习惯；再经过一定时间的积淀，习惯成了自然，成了人们头脑里一种牢固的"观念"，而这种"观念"一旦形成，又会反作用于（约束）大家的行为，逐渐以规章制度、道德公允的形式成为众人的"行为规范"。

3. 企业文化的作用

企业文化的作用具体体现在以下几个方面：

第一，企业文化具有导向作用。具体体现为企业文化对企业的价值理念、企业的目标及企业的经营哲学有导向作用。企业的价值理念决定了员工的价值观，正确的价值观是个人和企业成功的重要因素；企业的目标是企业的前进方向，若一个企业没有明确的目标，必然走不长远；而企业的经营哲学是一个企业生产经营、做出人事决策等的基本原则和方法路径。企业文化的奥妙就在于它可以在潜移默化中对一个企业的价值理念、企业目标和经营哲学产生引导作用。并且这种引导具有深远的内在含义——只要这种企业文化存在着，这种引导和影响必然相伴相随。

第二，企业文化具有规范作用。正如前文所说，企业文化是非经济、非技术、非实体的一种力量，它的力量，使得员工在不知不觉中形成一致的行为规范并且无须任何口头约定或书面规章。企业制度正是企业文化中重要的一方面，这种制度是企业的内部制度，必然要遵守。另外，企业文化也可以在道德上形成对员工的约束，使得员工若有违背就会感到内心有歉疚感，或者遭到同一企业员工舆论的谴责。

第三，企业文化具有激励功能。企业文化说到底是一种价值观，这一价值观会影响员工的价值取向。人们工作，为的是自我价值的实现。当自我价值在企业价值中找到时，会激发人们强烈的自豪感和荣誉感，并由此产生归属感。正是企业文化这种强大的精神激励作用，使得人们愿意努力工作，愿意去维护企业的信誉。企业文化使得个人的自我价值实现和企业的价值理念紧紧融为一体，而自我价值的实现是人的最高精神需求的一种满足，从而产生强大的激励作用。

总而言之，企业文化是一个企业成功的关键，是企业实现社会价值的源泉。70年前，"三星商会"还只是东北亚一家小小的贸易公司，它的主要业务还只是将本国的干制鱼、蔬菜、水果等出口到中国；70年后的今天，三星却成长为一家国际化的大集团。三星是如何成长的？又是如何发展壮大、保持企业常青的？毫无疑问，卓越的企业文化在其中发挥了举足轻重的作用。卓越的企业文化是一个企业的凝聚力所在，也是一个公司最高的竞争力。三星的企业文化又是怎样的？它的架构如何？它又抱持着怎样的价值理念？它能给现代企业文化的建设带来怎样有益的启示？本章接下来的三节，会将这些谜底一一揭晓。

二、三星的经营理念

以人才和技术为基础，创造最佳产品和服务，为人类社会做出贡献；与顾客同在，向世界挑战，创造未来。这是三星企业的经营观念，也是三星人的精神支柱，支撑着三星人克服一切困难，创造一个个辉煌。

1．由创业到"新经营"——变是唯一的不变

韩国的半导体产业起步于1965年，起初仅仅是处于劳动密集型组装生产阶段。当时在半导体产业领先的国家是美国和日本，韩国无论是从技术上还是从产量上来说，都远远不是美国和日本的竞争对手。集团看到了在这一领域韩国所处的困境，同时也看到了巨大的发展契机，于是决心涉足这一领域，大力发展民族企业，为韩国的半导体产业做贡献，使韩国人有自己的半导体，使韩国有自己的半导体民族产业并走向世界。经过10多年艰苦的发展，三星收购了当时韩国一家经营陷入困境的"韩国半导体"企业，大力进行存储器的自主开发，初步实现了大规模生产。并与当时韩国的两大电子公司——现代电子和LG进行了激烈的竞争。到了1986年左右，韩国的存储器产量超过了美国和日本，居于世界第一。同时，韩国的半导体产业发展程度仅仅次于美国和日本，位于世界第三。这可以说是半导体

产业界的一个奇迹，美国和日本怎么都想不到，韩国竟然在短短不到20年的时间里便发展得如此迅速。

就是在这样的背景下，1993年，三星的"新经营"运动轰轰烈烈地开始了。发起此次运动的目的就是要改变以往不合理的企业制度，对企业制度进行大刀阔斧的改革。正如公司向全体员工所呼吁的那样："变革是为了果敢地摒弃过去以数量为主的意识、陋习、制度和惯例，使我们都能'从我做起'，彻底转为以质量为主，让18万（现在是20多万）名三星员工齐心协力，造就21世纪超一流企业，共同享受高质量的生活。"

这样的改革运动多少使得三星员工感到突然甚至不理解。他们觉得自己的企业在韩国已经是第一，在国际上也算很有名气；况且，三星在合成储存器领域具有巨大的成本优势，这也使得他们的产品具有价格优势。确实，当时的三星在半导体生产领域是数一数二的大企业，但三星的高层很清楚地认识到，国际化格局是一个必然的趋势，若不进行经营模式的优化和转变，很快就会跟不上时代的潮流，很快就会丧失竞争力，就会被日新月异的技术革命和发展所抛弃。企业的经营，不仅仅是技术和生产，更重要的是管理，需要的是管理者新的眼光和长远的思考。若不能胸怀世界，放开心胸去拥抱挑战，积极主动地去改变，又如何发展自己、壮大自己，并保持基业长青？

"新经营"理念主要的内容包括"相互配合，自主经营""确立愿景，策略经营""研究开发，技术经营""重质经营，最高水准""速度经营，行动快速""顾客满意经营"和"文化经营，提升形象"。关于

"新经营"运动的具体内容，本书前后章节都有详细的涉及，在此不一一介绍。但这些经营理念，确实值得我国企业领导者借鉴和思考。

2．人才，产品，为人类社会贡献

早在李秉喆领导三星的时期，三星的核心经营理念就已经很明确："事业报国、人才第一、合理追求。"李健熙领导三星后，三星的经营理念略调整为："人才和技术是基础，创造出最高品质的产品和服务，为人类社会做出贡献。"同时，李健熙提出："超级一流的企业，就是有一个企业的样子，忠实于企业的原貌。企业的本质是进行经济行为、获取经济利益，因此，企业也要回馈社会，成为国家经济力量的坚实后盾，更要有贡献人类社会的义务和使命。为了达成这个使命，很重要的一点就是将产品和服务的层次提升，以'最好、最快、最实惠'为目标，提供给消费者满意的产品。如果缺乏以此理念为基础的企业文化，就不能完成使命。"

从三星两位领导人的经营理念中，我们大概可以梳理出三星经营理念的一个共同模式。首先，要重视培养和使用人才。三星一直都把人才摆在最重要的位置，努力地去发掘、培养和发展人才。正如三星的口号所说的：不仅要放眼世界寻找更多的优秀人才，还要重点培养我们身边思维开放、有创造力的人才。其次，有了人才就可以开发出新的技术，并使用开发出来的技术进行设计、生产、营销和管理，从而创造出最佳的产品和服务，这正是三星最核心和关键的竞争力。最后，在此基础上，三星应担负起一个企业的社会责任，通过为人类生产出更好的产品，提升人们生活的品质，推动社会经济的发展和进步，从而也为整个人类社会做出自己的贡献。

　　这正是三星一直秉持的"三步走"的经营理念：人才，产品，为人类社会做贡献。人才是基础，产品是目标，为人类社会做贡献是使命。

　　事实证明，"新经营"运动取得了巨大的成功，充分证明了三星领导人的深谋远虑和运筹帷幄。它为三星掀开了新的篇章，也为三星日后的发展奠定了坚实的基础。

三、三星的价值观

企业价值观是指企业及其员工的价值取向，是指企业在追求经营成功过程中所推崇的基本信念和奉行的目标。历史早已证明，每一个优秀的企业背后，都有一个独特明确的价值观。例如：迪士尼——健康而富有创造力；索尼——提高日本的国民文化和地位，成为行业先锋而非跟随者，向着不可能挑战，新生和鼓励个人能力和创造力；宝洁——领导才能（leadership）、主人翁精神（ownership）、诚实正直（integrity）、积极求胜（passion for winning）、信任（trust）。

而三星这个驰名中外的企业，在商海里奋战了70余年，终于在无数实践中凝练出了其五大核心价值观：人才第一，最高志向，引领变革，正道经营，追求共赢。这不仅代表了其独特的企业智慧，更为一代代的三星人打下了独特的身份烙印，并指明了方向，确定了历史使命。更可贵的是，三星明确提出了实践这些核心价值的具体操作方法。

1. 人才第一

电影《天下无贼》中葛优的一句经典台词"21世纪什么最贵？人才！"深入人心。无独有偶，三星也把人才这一理念摆在了第一位。早在1988年，三星就首次提出了"以人为本"的思想。1993年，三星重新制定经营理念时，又确立了"以人才和技术为基础"的信条，这么多年来，三星始终把人才放在第一位。这条价值观在三星人心中的分量可见一斑。

三星拥有世界领先的培训设施，在本国内，设有12个培训中心，可同时容纳9 300多人进行培训。其中位于施仁市的三星人力开发院更是被人誉为"三星集团培养人才的摇篮"，三星自己则把它称为价值共享中心、知识创造中心和成果创造中心，在这里统一实施三星集团新员工入职培训、国际化培训、中高层管理培训等。

位于韩国京畿道水原的三星电子尖端技术研究所，是专门进行员工技术培训的基地。在这里，你可以看到刚刚进入三星的新员工，也可以见到赫赫有名的公司老板。在三星，几乎无人例外，都要来这里接受最新的技术培训。而建立这一研究机构的目的仅仅是为了培训研发技术人员，这在韩国国内尚属首例，同时更加印证了三星引领变革的这一核心理念。

2．最高志向

三星的创始人李秉喆先生曾在其自传中对三星这个享誉中外的名字做出这样的解释："三"具有"大、多、强"大之意，"星"具有"明亮、高远、永恒"之意，把两个字放在一起，意思就是"闪耀、强大和永恒"。

提起三星，人们第一个想到的就是它的各款令人耳熟能详的电子产品。其实三星的最高志向不仅仅在这一领域。2006年11月，由英国《Lloyd's List Maritime Asia》杂志主持的"本年度最佳企业"活动评选中，三星重工业荣获2006年度"最佳造船厂"奖。这项奖是在全面考察了企业的设计能力、企业声誉、价格竞争力等因素后评定的，是全世界造船业最权威的奖项。这无疑最好地说明了三星重工业在产品质量、技术创新等方面的一流水平已得到同行的高度肯定。

三星物产在建筑行业拥有强大的实力。在闻名世界的大城市迪拜，三星建造了高达160层的建筑物"Burj Dubai"，同时也创造了最高建筑物的世界纪录，这无疑又给三星写下了光辉的一笔。

如果说三星的电子产品是三星王国的"状元"，那么爱宝乐园绝对有实力称得上是三星王国的"榜眼"。依据世界旅游休闲专业杂志美国《Amusement Business》和咨询公司Economic Research的数据资料，爱宝乐园以750万超强的人气入围了"世界最受欢迎的主题公园"四强。

如今的三星已经涵盖了半导体、航天器、石化、医药、金融、酒店及其他领域的多项业务，且更多的新力量仍在酝酿中。最高志向这条核心价值观终将会把三星带向何方，就让我们拭目以待。

3．引领变革

自1996年三星宣布"设计革命之年"以来，三星坚持着企业的不断变革，因为它深知，这是企业长期保持青春的最重要的发动机。"除了老婆孩子，一切都要变。"从三星人的这句话中，我们不难发现，这条核心价值观已被深深地植入了三星人的基因中。在由美国工业设计师协会和"Business Week"共同举办的"IDEA（Industrial Design Excellence Awards）2006世界权威大赛"上，三星向世人展示了三星电子超强的世界级设计竞争力。三星电子荣获了预示未来设计方向的"设计探索"金奖和银奖以及"办公及工业用产品"领域的一个银奖。在刚刚过去的2012年，三星在"IDEA 2012"中成为获奖最多的企业，分别在企业部门获得了4个金奖、2个银奖和1个铜奖。若再加上其他大奖，共获得20个奖项。

彼得·德鲁克曾说过："每个企业存在着两类创新：一是产品或服务的创新，二是提供产品或服务所需的各种技术和活动的创新。创新是企业区别于社会上其他组织的独一无二的职能。"我们相信，这只是个开始，三星的引领变革之路必然会带给我们更多的惊喜。

4. 正道经营

众所周知，很多的企业都在正道经营这一关失了足，这其实是一个企业的良心问题。很多人对三星提出了质疑和提问："三星，你守住了吗？"在回答这个问题之前，让我们先来看一个真实的故事。

1965年，为奠定韩国化学工业基础，在历经过多次的受阻和挫折后，三星建造了一座在当时世界上规模最大的化肥生产基地——韩国化肥厂。然而就在建成后的第二年9月，却发生了这样一个意外：据政府公布消息，说韩国化肥厂的一位高管与外界共谋，把2 000多袋称号为OTSA的糖精原料伪装成水泥，利用日本货船偷运到韩国釜山。他们变卖了这些原料的一部分，在把大量剩余的糖精卖给某化学公司牟取利益时被釜山海关截获。

以事实为依据来说的话，其实这件事与"韩肥"工程没有关系，只是因为事情发生在施工期间，有人就故意造谣说它是韩国第一大财阀走私。甚至韩国国会也针对这一问题进行了长时间的辩论。最终的结果是三星在工程竣工之后，把它交给了韩国政府。从此之后，三星把经营廉洁放到了至关重要的地位，毫不松懈。现在，这已经成为三星的核心价值观之一。所以，对于"三星，你守住了吗？"这个质疑，我们心里已经隐隐有了答案。

5．追求共赢

如果你熟悉三星的发展历史，你一定对这个名词不陌生，这个核心价值是三星从它的创业理念"共存共荣"中凝结而出的。从大的方面讲，这是顺应大势的一种智慧，只有双赢才能使企业长期保持良好的运作。三星创始者认为："只为一个人的企业终究是会倒闭的。只有那些对人类社会、国家有帮助的企业才会有大发展，企业家也才能完成自己的使命。"因此，三星一直立志于把集团的经营成果分享给周边困难的人们，给他们带去梦想和希望。

三星把它具体体现在劳资关系、事业关系、社会关系等三个方面。劳资关系指的是员工与公司的关系。三星在这一点上做得尤为突出，因为三星一直坚信人才资源是推动三星前进的最大动力。事业关系指的是公司与供应商的关系。三星认为只有与供应商变成良好的共同发展的合作伙伴，企业的合作才能良性循环。社会关系指的是企业和社会的关系，三星一直秉承"社会发展了三星，三星也应为社会的发展提供推动力"的原则回馈社会。

从三星的发展轨迹来看，这五条核心价值观是三星这个名企70多年发展的结晶，它势必会带领三星走向下一个辉煌时期。

四、三星的企业精神

　　企业精神是一个企业的灵魂，它是企业文化的一个重要而复杂的组成部分，它表达着企业的精神风貌和企业的风气。企业精神产生于企业长期的生产经营和实践，是一个企业所有员工具有的共同内心态度、思想境界和理想追求，集中体现了企业所有员工的意志，是一个企业的理念、宗旨、目标、价值观的综合体，同时也结合了时代精神和企业的个性。

　　企业精神最重要的一个基础就是员工对本企业的特征、形象、风气和地位的认同，也可以说是员工对企业的价值观、经营理念和自我价值的趋同性。这种趋同性越强烈，员工的归属感就越强，同时，员工的荣誉感、责任感、使命感就越容易被激发出来。由企业的优良传统、企业个性和时代精神紧密结合而产生的共同信念、作风和准则，能使员工的精神面貌焕然一新。同时，员工对自己所在的企业的发展、生产经营和未来所抱持的极大热情和希望，能够使得整个企业形成独特的文化体系，并使得这种文化体系发挥最大的效益和作用。

　　三星在从一个小公司发展到一个国际著名的大公司的过程中，在时间的考验中，逐渐积累和沉淀，形成了自己独特的企业文化体系。它以三星精神为灵魂，以五大价值观为核心，以独特的经营哲学为发展的内在动力，所形成的这种企业文化是鲜活的，也是与时俱进的。早在李秉喆领导三星的时期，就明确了以"创造性、道德性、第一主义、完美主义、共存共亡"为核心的三星精神，而在李健熙担任三星会长后，更是专门设立了精神文化研究院，三星最高领导人对建立企业精神的重视程度可见一斑。

至此，三星的企业精神可以概括为三个方面：与客户共存共荣，挑战世界，创造未来。

1. 与客户共存共荣

与客户共存共荣——三星的客户，从狭义上来说，就是广大的三星产品的消费者。但三星对于客户这一词显然有自己独特的见解，三星把除了消费者外的三星上游供应商、下游经销商，乃至三星的员工、股东等各个利益共同体全部视为自己的客户。从更深的意义上来说，整个人类都是三星潜在的客户群，是三星创造价值的源泉。

李健熙强调要与供应商和经销商建立共存共荣的关系，他曾经说过："三星的发展史证明，合作伙伴和盟友都是我们成功的重要因素。两家企业，在某一个领域相互竞争，但在另外一个领域，完全可能是合作的关系。在这个受到统一标准驱策的市场中，结盟是促使我们赢得消费者，并获得双赢甚至多赢的重要的途径。"在实际中，他要求相关的负责人积极深入地去了解合作的厂商，必要的时候，毫不吝惜地投入对方所需的资金、技术和人员进行支持。另外，李健熙强调要多从客户的角度思考问题，与客户结成一个利益共同体。通过为客户创造价值，获得客户的认可和信赖、满足客户的需求、实现客户的梦想，这样做的同时，也是在为三星自己创造价值。这样，就可以达到与客户共存共荣的目的。三星要求自己的员工要多进行换位思考，站在客户的角度去考虑问题，要有推己及人的意识。

2. 挑战世界

无论是李秉喆还是李健熙，都有着强烈的争取世界第一的意识，他们要求三星在涉足的每一个领域都争取做到最好，争取最先进、最一流。他们把"争第一"写进了三星的经营理念中，也铭刻进了每个三星人的精神中。世界是三星的活动舞台，成为世界一流的企业是三星的口号和目标。在2012年的世界500强排行榜上，三星电子位于第20名。相信三星不会止步于此，而是会带着他们"争做世界第一"的口号，继续前进。

3. 创造未来

三星人有一个共同的梦想，那就是通过自己的创造，改进工艺，创新设计，生产更符合客户需求的产品，从而为自己的企业创造价值；而最终的目标，是促进整个社会和全人类的共同繁荣昌盛。这是一个崇高的梦想。

在"新经营"运动中，有一个重要的理念，就是责任化经营。这里的责任，显然指的是三星对社会的责任，对人类生活品质改善和提高所肩负的责任。而三星正在以它全部的精英人才和创新的高科技力量为这一目标协调应用、全力以赴。三星和其他企业最大的不同，就是它很明确地提出了企业的理想，而不仅仅致力于赢利和发展；它深刻地认识到了企业的发展与人类社会进步的密切关系，也把这一理念坚持不懈地付诸实践。

李健熙是一个具有儒家情怀的人。他曾经说过，西方企业强调责任精神，而韩国有儒家精神。他强调要把儒家精神融进企业的德行中，强调企业人对人类肩负的重大使命，以及要具备有意识地去追求造福人间的使命感，甚至把这个目标看作一种理想、一种义务。"我经常要求三星人'为了人类'而奋斗……即使放弃今日小小的利益，也要成就未来更长久更为重要的利益，我们需要具有这种远见的'长波人类'。"

创造未来，就是创造世界的未来，为整个人类生活质量的提升做出贡献；创造未来，也是创造三星的未来，使其成为世界一流的企业，争创世界品牌；创造未来，更是三星人创造自己的未来，实现他们的个人理想和自我价值，实现人生的意义。

三星创始人李秉喆

第七章

三星的人才理念

一、经营人才就是经营企业自己

在市场竞争中，没有哪个企业是在一群平庸之辈的手中得以发展壮大的。人才是企业的生命力，是企业的血液和灵魂。唐代著名政论家赵蕤在他的《长短经》中提出："得人则兴，失人则败毁。故首简才，次论政体也。"意思是说任何事业首先要懂得聚拢人才，其次才可论及制度。放在企业中则可理解为：有了人才，才会有可持续经营的基础。

1．人才第一的核心企业价值观

今天，在距离韩国首都首尔只有一个半小时车程的施仁市，坐落着一处非常著名的建筑——三星人力开发院。三星人力开发院是三星集团为了实践其重视人才培养、人才第一的经营理念，在20世纪80年代斥巨资建立而成的，作为三星集团的人力资源中心。三星人力开发院规模宏大、建筑宏伟，其内有众多建筑物环绕，最引人注目的莫过于"创造馆"。在这里，每天都有各种各样的课程开办。以2011年为例：共开设了68门课程，共有261个班次，前后近3万名学员参加培训，人力培训投入高达420亿韩元。在三星，从新进员工到高阶主管，从电子部门到金融部门，从语言学习到特定技能培训，针对各层级、各功能、各目的，都有全方位设计规划、精心量身打造的课程。

三星集团之所以成立耗资如此巨大的人力开发院，并每年在这里毫不吝啬地投入大笔资金，是有它的战略目的的。所有内容都紧紧围绕着一个核心：为三星培养人才。三星对人才的重视程度由此可见一斑。"人才第一"是三星的核心价值观之一，也是三星极其重要的经营理念。投资人才，就是投资企业自己，也是投资企业的未来。

管理大师彼得·德鲁克认为，企业唯一的真正的资源是人，因此，管理就是充分开发人力资源以做好工作。IBM公司创始人托马斯·沃森也曾经说过这样的话："你可以接管我的工厂，烧掉我的厂房，但是只要你给我留下这些人，我就可以很快重建IBM。"通用电气前总裁杰克·韦尔奇认为："我的工作就是为公司挑选最优秀的人才，然后为他们提供装备和支持。这就是我全部的工作内容。"这些都是人才资源之于企业的极端重要性的体现和有力明证。

人才是一个企业发展的原动力，也是一个企业竞争力的核心体现，更是企业存亡的关键。从企业的本质来说，企业注定是要逐利的，企业要在市场中生存下去并发展壮大，就要追求利润、创造价值。而企业在追求利润、创造价值的同时，也为社会创造价值，为社会的发展做出很大的贡献：拉动经济发展，以技术革新提升人类生活质量，提供大量的就业机会等。企业的价值创造来自员工，来自人才，因此，人才是企业价值的源泉。甚至可以说，人才就是企业价值的体现。

企业之间的竞争，归根结底是人才的竞争。企业为员工提供了实现自我价值的平台，而员工用自己的聪明才智、勤奋努力，为企业创造价值和财富，两者共同形成了一个密不可分的整体。用一个比喻来形容，那就是企业和员工的关系，正如鱼和水的关系。鱼水一体，相互交融，密不可分。

三星的成功，很大程度上归功于三星在人才战略方面的成功。无论是近年来三星在产品和技术方面的创新还是在品牌建设方面所取得的成就，归根结底，都是采取了人才战略的结果。难怪，就连有"全球第一CEO"美称的杰克·韦尔奇也对三星的人才战略赞誉有加："在人才培养方面，三星显然走在了世界的前沿。"确实，三星在人才方面，有着过人之处。

2．三星的人才战略规划

在三星的新经营理念中，就包含着重要的"人才经营"这一理念。"人才第一"也是三星的核心价值观之一。三星从一个小小的贸易公司发展为如今的跨国公司，一直把人才放在公司经营的首位。这条路它走了70多年。

一直以来，三星在人才培养方面就有着长期的实践和丰富的经验。在此基础之上，李健熙在后来的"新经营"理论中，对"人才经营"进行了战略性的总结和理论概括。三星的人才经营战略主要内容可以概括为：网罗核心人才，注重吸纳人才。

网罗核心人才——核心人才是指拥有核心能力从而对企业战略实施不可或缺的人才。这些人才往往具有很高的稀缺性和重大的价值。核心人才在企业发展过程中，通过其高超的专业素养和优秀的职业操守，为企业做出或者正在做出卓越贡献。核心人才有着强大的竞争力，代表着企业最先进的生产力和创造力。这些人才与普通的员工相比，能为企业创造更大的价值。一般来说，核心人才在一个企业中往往只是一小部分，但毋庸置疑，正是这一小部分创造了企业的绝大部分价值。这一现象可以用著名的"二八法则"来诠释，那就是在一个企业中，80%的价值由这20%的核心人才创造。

在三星，核心人才的标准可以概括为：具有扎实的专业知识基础，同时具备精湛的技艺和深厚的学识，能够在某个特定的领域创造出非凡的业绩；具有端正的品行和清廉的作风，同时具有牺牲精神、包容胸怀和团队合作精神；具有准确的判断能力和卓越的决策能力，能够坚忍不拔地完成任务；认同并接受三星的文化价值观，并能完全融入三星的企业文化氛围。

注重吸纳人才——这也是三星公司的优良传统。三星的第一任掌门人李秉喆就提出了"人才第一"的经营理念，在三星的长期经营实践中，逐渐积累并形成了"用人不疑，疑人不用"的人才管理原则。对李舜根的重用，就很好地说明了这一点。李舜根在加入三星之前，只是一个无业游民。后来，他被李秉喆重用，管理三星的期票业务、印章使用等。很多人担心把这么重要的事情交给这样一个人会不会有什么问题，但李秉喆的态度很明确：既然我决定用他，就信他，就会大胆地放手让他干。事实证明，李秉喆是对的，李舜根用自己的业绩回报了李秉喆的重用，为三星的发展做出了不可磨灭的贡献。

这样重要的经营理念和用人原则，在三星的企业发展史上一直伴其左右，对三星的发展壮大起到了莫大的作用，成为三星人才管理体系重要的基础。李秉喆曾经自豪地宣称："在我的生命里，有80%的时间都用来网罗和培养有潜力的人才了。"

3．以人为本的"新经营"时代

1987年李健熙继任后，秉承了父亲的遗志，提出了"以人才为本"的口号，不断加大对人才的投资力度，力图在公司内部营造一种良好的工作氛围，为员工创造更大的成长空间，以期能吸引和留住人才，让人才在自己的岗位上发挥更大的才能和作用。李健熙对人才的认识是具有时代前瞻性的，他曾在一次公开演讲中说过："二三百年前，一二十万人才能供养一名君主或者王族成员；而21世纪却是一个天才就能养活20万人的时代，这是知识创造的时代，也是人才激烈竞争的时代。"

李健熙曾经送给儿子李在镕一幅描绘刘备三顾茅庐请诸葛亮出山的水墨画，意在强调引进核心人才的重要性，也提醒儿子在经营企业时，不要忘记人才的重要性。李在镕把这幅画挂在自己的办公室内，时时刻刻提醒自己：在企业经营中，要把人才放到首要的位置上来，人才第一！

成立70年以来，三星一直致力于在全世界各地招揽优秀人才，并在日本、美国、印度、中国以及欧洲等地分别建立了研究与开发中心，以兼容并蓄的心胸和开放的姿态迎接来自世界各地的、不同国籍的人才，为其提供优厚的物质条件、良好的企业氛围和成长环境，让他们服务于三星，为三星创造价值。

4．打破常规的选才方式

三星在网罗核心人才方面，有着远见和胆识，敢于打破常规。比如，遇到天才级人物，就不惜花重金聘用，并提供十分优厚的条件和待遇，有时为了挖到一个天才甚至不惜血本；为了培养公司的员工，斥巨资建立培训机构，每年在人力方面投资数百亿韩元。公司具有良好的内部晋升制度，基层的员工也完全有机会通过自己的业绩和努力，做到中层甚至高层管理人员。三星对人才的重视、爱才心切和唯才是用的氛围，也吸引了大量的优秀人才前去应聘。

三星十分注重吸纳天才——所谓的天才，就是"各方面都突出的人，既善于玩，又善于学习，具有一流的想象力和卓越的创造力"的人。天才是十万乃至百万、千万中的一个，可谓凤毛麟角。拥有天才或者天才级员工，是每个公司的梦想，也是一个企业在国际竞争中获得并提升竞争力的保障。

很多人不明白美国为何会有通用、苹果、微软这样的超级公司，真正的答案是因为它们有杰克·韦尔奇、乔布斯、比尔·盖茨这样的天才。苹果公司的联合创始人沃兹有句名言："技术天才一定能够拯救人类。"或许这话说得有那么一点夸张，但是一个技术天才的绝妙创意能让一家濒临倒闭的公司出奇制胜倒是完全有可能的。对一家处于危难中的公司而言，技术天才可以力挽狂澜；而对一家基底深厚的公司而言，技术天才则意味着公司更加优厚的业绩和突破创新，能够使公司立于不败之地。乔布斯深谙此道，所以，在执掌苹果时期，乔布斯花了90%以上的时间和公司的技术创意团队在一起。沃兹自己也是一个明证。20世纪80年代初，天才设计师沃兹为苹果创作的作品——苹果Ⅱ型电脑，在短短3年时间内，就为苹果创造了将近1.4亿美元的销售额。

三星在聘用天才时，可谓是用尽了各种办法。他们愿意打破常规，以极高的报酬去吸引天才员工——有时候甚至达到常规的5倍或5倍以上，真可谓不惜血本；他们会派重要的高层人员去天才所在的地方，美国、日本、印度……或者世界上任何一个角落，只要那里有他们想要招揽的天才。

长期的努力总是会换来丰厚的回报。如今，已经有不少的天才级人物加盟三星，为三星的发展做出了不可磨灭的贡献。设计神童汤姆·哈迪就是其中的一位。汤姆·哈迪原来是IBM的首席设计师，经久不衰、享誉全球的经典笔记本ThinkPad就是他的代表作品。1998年后，三星用重金将哈迪招至旗下。当时的三星，刚刚从亚洲金融危机中缓过来，在哈迪身上的投资，可谓大手笔。很多人都怀疑这样的投资是否能实现超值的回报。

在当时，三星的设计师几乎都陷入了同一个条条框框，无法设计出让人耳目一新的、创新性与功能性相结合的产品。而哈迪的加盟，为三星的设计带来了新鲜的空气。在哈迪的带领下，三星的设计在国际上屡获工业设计大奖。事实证明，三星"人才第一"的理念是完全正确的，这种对天才的投资也取得了巨大的回报。

在如今的三星，像汤姆·哈迪这样的天才级人物不在少数。像三星的创新总监斯蒂芬·舒勒姆、保险专家川下俊树（三星集团旗下有著名的三星火灾，是韩国最大的财产保险公司）等，不一而足。在每一个领域，三星都不遗余力地搜罗天才，而每一个加盟三星的天才，也在三星找到了自己发挥才华的舞台。三星的辉煌，也是天才个人的辉煌。

5．敢用个性人才的魄力

大胆任用个性人才——个性人才是人才中较为特别的一类。这类人才往往在某一个领域有着卓越的建树和不凡的成绩，但他们在个人的综合素质方面往往不那么尽如人意，或者是团队合作精神不够、喜欢单打独斗，或者是个性古怪、执拗、偏激。还有其他特点的个性人才，如思维方式与常人不同、教育背景不够强大等。

正是由于个性人才的这些特点，才让很多用了个性人才的企业感到头疼。因为个性人才在为企业带来财富的同时，也可能带给企业意想不到的麻烦。比如，一个喜欢单打独斗的人，很可能因为缺少团队合作意识，导致团队合作的失败；一个个性古怪偏激的人，极有可能会招致其他人的怨恨和攻击，导致公司内部人际关系的紧张。再比如，一个思维方式与常人不同的人，对一个问题的想法很可能独树一帜，这又往往会引起其他人的不理解和不赞同，导致内部分歧严重，降低工作效率，给公司造成损失。所以，个性人才往往让企业的老总又爱又恨。但个性人才可能发挥的作用，却是所有的企业都需要的。

三星在面对个性人才这个难题时，又是如何处理的呢？

为了说明这一点，不得不提到三星人才战略的包容性。兼容并蓄是三星人才战略最突出的特点，也是其他公司所无法匹敌的。很多研究过三星的学者都会这样评价三星："三星公司是一家包容性极强的公司。"三星对于个性人才的使用是非常大胆的，即使是那些个性极强、棱角极为分明的员工，三星也敢于重用、委以重任，同时也能真正做到知人善任。三星充分了解个性人才的特点，在此基础上进行综合考虑，为员工提供与他们个性特点相适应的工作岗位，让这些个性人才发挥他们最大的才能和优势，为企业做出最大的贡献。

中国有句古话叫作"海纳百川，有容乃大"。无论是社会的前进，还是企业的发展，都需要个性人才，时代也在呼唤个性人才，而个性人才出自包容的、不媚俗的教育和社会环境。像三星这样的企业，真正做到了包容，让个性人才在自己的企业里能够如鱼得水，就是有锋芒也不会受到打压，即使有棱角也不会受到磨损，而是能够受到尊重与重用，成为栋梁之材。三星人才战略的成功，果真有其独到的地方！

6. 包容偏才怪才

1999年，风险投资悄然兴起，当时所属三星电子的软件俱乐部聘请了"软件大玩家们"，给他们开出的年薪达到了2亿韩元。这些软件方面的专家虽然号称是软件专家，但其实并不是正规的专家——既没有名牌大学的文凭，更没有高深的学历背景，甚至很多人本身并不是做软件的；有的是做贸易的，有的是打工者，有的是无业游民，他们中的绝大部分都没有接受过正规的大学教育。他们只是业余爱好编软件，在程序开发、电脑组装等方面非常有天赋而已。他们原来靠在龙山电子一条街搞点组装电脑、编程等副业打"野战"，居然渐渐打出了名气，有些甚至成为"黑客"或编程高手。就是这样的"草根专家"，被三星发现，三星看中了他们在编软件方面的能力和技术，高薪聘来为自己开发软件。由于"草根"的思维方式和正规毕业生不同，他们往往天马行空，敢于突破传统的思维定式，打破条条框框。这些人最终用他们的高超能力和技术，为三星的发展做出了贡献。而在2003年，三星曾为了一位美国的电子专家派出过一架专机。

这就是三星，对人才如饥似渴，不拘一格降人才，可以不拘于学历、文凭、社会背景。哪怕是偏才、怪才、个性人才，只要身上有一技之长，三星都敢于为己所用，并且用得好、用得巧妙。

多年来，三星一直坚持在不同部门大胆任用多种类型的人才，连曾经做过电脑黑客的程序高手，也因为技术出众而被聘请进公司从事开发工作。三星电子北美市场营销策略高级副总裁彼得·维法德是另一个很好的例子。彼得年轻时是一家音乐厅的钢琴师，他目前仍然喜欢弹奏钢琴，不过他在三星时已不再是一个"独奏者"，相反，他领导着一批天才员工，在三星电子北美市场进行广泛的市场拓展业务。

二、三星的人才选用

一位猎头公司的经理说："光是'三星人'三个字，就足以为某人的能力背书！"意思是说：多么深厚的学历背景都抵不上"三星人"这三个字的分量重。从客观的标准来说，任职经历可以作为一个人的能力的评断标准，但"三星人"这三个字格外地有分量，在求职应聘中很能引起用人单位的注意。尤其若是在三星中任职多年，那更是如同得到了能力的认证书。说得夸张些，在三星的任职经历，是比任何学历证书和教育经历都更能获得认可的背景。

"三星人"能够获得如此广泛的认可，在人才市场上有着这么好的声誉，这与三星一整套严密的人力资源管理制度密不可分。从最初的选拔淘汰制度，到入职的培训制度，再到后来的晋升、激励制度，三星人可谓接受了重重严格的考验。更有三星优秀的企业文化氛围熏陶，能够使员工的素质提升一个层次。所以说，能够被三星任用，都是真正的人才。若能在三星中长期担任要职，那更是人才中的人才。

三星之所以能取得今日的辉煌，还与它所拥有的一群抱持着同样信念的员工密不可分。但是，想要建立一个真正优秀的企业，光有优秀的员工是不够的。最重要的，是分工有序，让每一个员工都能在企业里找到适合自己的位置，能人尽其用。要想让员工在工作中保持激情和昂扬的斗志、能够把企业的发展与自身的发展相结合，就需要有一套完善合理的制度，能够把人都调动起来。三星的人力资源管理就是这样的一套系统。

在三星，流传着这样一则逸事。2001年9月，三星在美国找到了一个半导体方面的专家，欲以高薪聘任他。这位专家和三星约好在9月11日签订合同。可是，9月11日那天发生了震惊全世界的恐怖袭击，恐怖分子劫机撞了世贸大楼。当时，所有飞往美国的航班全部停止起飞。三星的一位人事高层负责人，为了与这位专家签订合约，硬是自己驾车将近13个小时来到这位专家的家中。这位美国专家大为感动，不仅与之签订了合同，还当下表示愿意为三星效劳，贡献自己的全部力量。

这正是三星求贤若渴心态的真实写照。因为三星要建成世界一流的企业，就要有一流的人才队伍。那么，三星又是如何选用人才呢？三星确定了自己的中长期人才战略，对于人才的选用，有着独到的方法。

1．公开招聘制度

三星是韩国第一家实行公开招聘制度的大公司。早在其他企业还实行家族制继承时，三星就在李秉喆的领导下率先打破传统，通过公开考试招聘人才，抢先汇聚天下人才。1956年三星在报纸上刊登了公开招聘的信息，那时除了一些银行和少数政府机关，毕业生可公开应聘的地方寥寥无几。三星全方位对社会开放，广泛地从社会上招贤纳士，不得不说是有着远见卓识的。其首次举办的招聘笔试在当时的汉城大学进行，当年有2 000名毕业生参加应聘，最终只有27人被录取，竞争非常激烈。

公开招聘是三星最为重要的人才选拔制度。直到现在，三星70%的人才还是来自公开招聘。若没有公开招聘，三星想聚集如此多的优秀人才并取得如今的辉煌成就，几乎是不可能的。

2．重视面试

三星的公开招聘主要面向应届毕业生，分为笔试和面试。三星对面试极为重视，据说李秉喆在位期间，从1965年开始实行招聘制度以来的20多年，他每年都要亲自参加数百位新人的面试。面试分为两个阶段：第一面注重考查人品，第二面注重考查能力。从面试的顺序和流程就可以看出，三星是非常重视人品的，把人品放在了能力的前面。

三星如此重视面试，是为了选拔到真正的人才。面试的内容涉及人品、个性、道德、人际关系、信念等，是对一个人全面的考察。由此可见，三星选用的人才，大部分都是综合素质过关的。但三星的用人标准也非一成不变，在20世纪80年代，三星最看重一个人的品行和道德，其次才是创新能力、责任心和挑战精神。而到了90年代，三星的用人标准则侧重于改革精神和创新能力，其次是挑战精神、文化适应能力等。

除了这些，三星还考察每个员工的"三个匹配"：第一，考查员工的性格特点是否与三星的企业文化相匹配；第二，考查员工的个性与其所任职的岗位是否相匹配；第三，考查员工的个性特点与其直接上司是否相匹配。不匹配的话，会做出相应的调整和变动，真正达到人尽其才。

3．面向世界广泛吸纳贤才

除了公开招聘之外，三星还十分重视从其他渠道获取人才。三星考察人才的视野非常广阔，他们除了在韩国本土寻找人才，同时也以开放的心胸和敞开的姿态欢迎世界各地的人才加盟。三星集团要求旗下公司在招聘人才时，研发部门、科研部门、财务部门和市场营销部门等一定要面向全球录用人才，要有全球化、国际化的眼光。这样，不仅保证了三星在每一个重要领域都有掌握着尖端技术和核心内容的人才，也保证了三星在这场全球化的较量中立于不败之地。

在三星企业，集合了各个领域各个行业的人才精英，包括经济界、法律界、IT界、金融界等各路人才。在三星，我们甚至可以看到退休的法务部长官、国防部长官等。

在全球范围内，很多跨国公司为了吸引人才，都在自己的投资所在国建立研究所。这些海外研究所，往往会吸引大量的杰出人才前来加盟，为己所用。这些跨国公司不乏微软、摩托罗拉、松下等世界名企，三星也正是其中之一。中国就有三星所建的通信研究所，位于中关村，在苏州、天津还有三星的培训中心。为此，三星大概投资了几千万美元。在研究所任职的大都是中国通信界的精英们，他们为三星公司打工，开发面向中国的通信技术。除此之外，三星还在中国设立了奖学金，开立了"海外优秀人才韩国留学课程"，为那些取得一定成绩的海外员工提供一个亲自去韩国本部实习的机会，进一步增强他们对三星的文化认同感。这项课程计划在其实行后的十几年时间里，已经为来自中国、美国、印度等国家的数千人提供了亲赴韩国总部学习的机会。

三星在吸引国外人才时态度非常诚恳，开出的条件非常优厚，所以对海外人才有着很大的吸引力。有一位曾在韩国工作的软件工程师，后离开韩国前往美国硅谷工作了10年，他在硅谷的工作非常出色，在IT界小有名气。后来，当三星诚恳地邀请其回国加入三星时，这位工程师放弃了在美国的事业，毅然决然地回到了韩国，加入了三星。当被问及他为何舍弃辛辛苦苦经营了10年的事业时，他回答道："三星答应我的条件远远比美国要丰厚得多，也更为诱人。在三星，我能管理60名员工，而在美国，我只有4名员工。"

这里有一组数据：韩国三星集团每年从海外引进1 000名硕士和博士人才，三星集团的20万名员工中有博士一万名。从1995年开始，三星捐助中国、俄罗斯、印度等国家的特优生，不仅进一步扩大了自己在各国高校优秀人才中的知名度和影响力，也为世界培养了更多的一流人才。

三、三星的人才培养和评价体系

三星在人才培养方面的努力和重视是有目共睹、众所周知的。尤其是三星创始人李秉喆看到员工在培训下不断地成长、渐渐在公司内崭露头角、为公司创造业绩、成为公司新一代的中坚力量时，自豪和兴奋的心情溢于言表。

三星在招聘新的员工进入公司之后，会针对员工个人，对其进行培训。培训的新员工，是为了让其尽快熟悉和适应自己的工作岗位。如新入职员工首先要在人力开发院上为期一个月的课程，主要内容是三星的历史、企业文化、经营理念、重要原则和规章制度，同时也提供一些非常人性化的课程，如社交礼仪、穿着打扮、酒桌餐桌文化等。公司的规定就是员工必须参加培训并考核合格，才能正式入职。在员工的后续工作时期，仍然会有持续性的培训，时间间隔大概在几个月到一年不等，但不会超过一年，目的是为了让员工能够在专业技能或特定领域方面有进一步的提升。

李健熙在继任会长后，逐步建立和完善了三星人才培养体系。在他的倡导下，三星人力开发院、三星地区专家培养制度、"太太学院"相继建立，三星的人才培养制度和人才培养机构日益完善。如今，三星有着一套非常成熟、全方位、全视角的人才培养体制，这成为三星发展和壮大的重要基石。

1. 三星人力开发院

三星人力开发院是三星人力资源培养的一个最重要的基地。人力开发院有5个研修院，分别负责领导人才、海外人才、外语能力、管理技能和高新技术5个方面。三星在外语人才的培养上走在了世界的前沿，他们自创了一套非常成熟的语言教学系统，聘请母语国语言人才赴韩教学。近几年来，他们的汉语教学成为中国很多语言机构纷纷研究学习的对象。

人力开发院的课程大致分为两类：一类是特定技能课程，另外一类是企业文化培训课程。新员工有专门的入门课程培训。员工每升一级或者是转换了工作部门，都要去重修相应的培训课程。而对于三星的人才，更是有为其专门量身打造的科目。同时，三星人力开发院的课程设置是非常多样和灵活的，除了特定的技能课，还提供很多讨论课。在讨论课上，学员可以畅所欲言地相互交流，在思维的碰撞中开拓思路。在培训的时间方面，公司有着硬性的规定：每个员工每年接受的培训日期不得少于5天。同时要求员工要掌握至少一门新的外语技能，完成任务者公司会有额外的奖励，且会和职务的晋升和奖金的发放挂钩。在如此浓厚的学习氛围和如此强大的激励条件下，难怪直到晚上10点，人力开发院的自习室也经常是灯火通明——员工在这里看书学习，为自己的未来充电。

2. 地区专家制度

地区专家制度是三星独创的。这是三星人力开发院下的一个培训项目，旨在培养出能够适应海外环境的国际化人才，为三星的国际化征程开疆拓土。这个项目分为两个阶段进行：第一个阶段是每年选定几百人在三星人力开发院接受培训，内容主要是所在国的外语学习以及民俗、文化、政治等方面的学习，使得所培训的学员对目的国有一个感性的了解；第二个阶段就是学员结课后奔赴海外，在目的国完成为期数月的考察学习，以期能够更加深入地去了解目的国。三星用这样的方式，培养出了大批的"地区专家"，为三星开拓了海外市场。

3. 开办"太太学院"

三星还开办了"太太学院"。这是三星非常富于特色的一个人才制度，也是一个富于温情的制度。李健熙熟读古书，非常明白"近朱者赤，近墨者黑"这个道理，他认为太太对丈夫的影响是潜移默化、无处不在的。太太们可以对丈夫的工作状态产生非常积极的影响，而且通过太太可以走进员工的家庭，使员工把他们的家庭和公司紧密结合，这样可以大大地增加员工的忠诚度。所以，李健熙对员工们的太太关怀备至，为太太们开办了集学习、交际、娱乐为一体的"太太学院"。学院里开设各种培训班、健身房、上网场所。李健熙的这一"妙计"，对员工产生了良好的影响，也使得员工的工作效率大大提高。

4. 设立内部人才审查团队

三星电子有自己的内部审查团队，它有随时开除员工的权力，就连管理者也会对财务核算、审查和集团秘书处的人力资源部门惧怕几分，这种惧怕保证了公司内部的忠诚和统一。一些国外观察家把三星的这种管理风格称为"恐惧管理"。因此，事情的另一面是：尽管三星是韩国最好的公司，仍有超过10%的三星电子的员工在第一年辞掉工作，超过30%的人会在3年内辞职。这很大程度上是因为三星内部的压力让人难以承受。三星的董事长可以随意提升、降职、雇用和解雇员工，就连尹钟龙（三星电子前任CEO）也不知道何时会被换掉，职业经理人的领导力非常弱。

很多人看到这样的辞职数据会大摇其头：三星花了如此多的投资和精力去做员工培训，却有这么高的离职率，三星的超常付出不仅没有换来回报，反倒是把自己培养好的人才送给了别的企业甚至是竞争对手，真不值得！但三星在看待这个问题时，却非常大气。三星认为培养人才是自己对社会应尽的一部分责任，培养出来的人才，在别的企业也可以做出贡献。而三星通过这样的方式，也实现了自己"为全人类奉献"的崇高目的。

5．三星特色的人才评价标准——"知、行、用、训、评"

李健熙在选拔领导型人才时提出了一套别具特色的评价标准，可以用五个字来精简概括：知、行、用、训、评。所谓"知"，就是要了解自己的事业的本质和本分，熟悉技术、人事、资金以及所需要了解的一切，做到一切皆了然于心。所谓"行"，就是在理论的基础上，不断地付诸实践，在实践中获得更为深刻的体验。所谓"用"，就是要做好知人善用的工作，要懂得发现人才、重用人才，要把手中的权力适当地交给下属去完成必要的工作。所谓"训"，就是在严格要求和规范自己的基础上，对下属严格要求，勤于指导、勤于育人，对下属的歪风绝不姑息、绝不放任自流。所谓"评"，就是要善于正确地评估业绩，做到赏罚有据、赏罚分明，这样才能得人心。

在现代管理学中，著名的管理学家劳伦斯·彼得经过考察和研究，指出一个现象：就是在一个等级严格的体系中（如一个企业），每个人往往都倾向于升到自己所不能胜任的职位。这样的现象很常见，但对于一个企业来说，这不亚于一场灾难，尤其是高层的领导位置。试想，若一个本不能胜任公司执行总裁的人担任了这一职位，将做出多少错误的决定、为企业造成多大的损失？而李健熙的"知、行、用、训、评"五项标准，准确地概括了一个领导人才应该达到的5项标准，既考虑了现实条件，又没有忽略人才的潜在素质，确保了选拔人才的公正性，是非常全面并且实用的。

四、三星的激励体系

激励有激发和鼓励的意思，是管理过程中不可或缺的环节。有效的激励可以成为组织发展的动力保障，实现组织目标。它有自己的特性，以组织成员的需要为基点，以需求理论为指导。激励有物质激励和精神激励、外在激励和内在激励等不同类型。而所谓的企业激励体系，就是企业根据职位评价和绩效考评结果，设计科学的薪酬管理系统，以一定的行为规范和惩罚性措施，借助信息沟通，来激发、引导和规范企业员工的行为，以有效实现企业及其员工个人目标的系统活动。

早在中国的古代，统治者们就用"赏罚分明"这一原则来维持自己的统治。渐渐地，一套有效的激励体系被建立起来，用以调动一个系统里的每一个人，并且维持这一系统的运作。例如在汉宣帝时期，渤海、胶东一带盗贼十分猖獗，他们四处作恶。汉宣帝派大臣张敞前去治理，张敞向宣帝请求务必奖赏那些追捕盗贼有功的人员，并严惩盗贼。到任后，他赏罚分明，差吏们个个奋勇追捕，社会迅速恢复安定。

在现代企业中，有效的激励体制是维持企业运转必不可少的一部分，也是一个完整的现代企业制度不可或缺的一部分。想要建立一套真正有效的激励体制为企业服务，就必须确立赏罚分明的原则，而且要切实做到，以服人心，这样才能让员工在自己的岗位上发挥出最大的潜力。

三星的成功发展与其科学合理的人才激励机制是分不开的。三星的危机激励是一种很好的信息激励方法，它的实质内涵是刺激人的"安全需要"，让人"居安思危"，不要"盲目自信"，让人们在安全需要上常怀有"饥饿感"。同时，三星也善于利用正面激励，而且常常是两种激励方式双管齐下。

1．按能力划分的人才等级制度

在三星，人才的划分除了按照基本的部门、职务划分外，最重要的原则是按照能力划分。在三星，员工由高到低可以划分为三个等级：S级、H级、A级。这三个等级的员工，对应着不同的工作能力。S级的员工是企业的超级员工，这样的员工大多都是天才级人物，可能是在管理方面有着卓越的能力，或者是在技术方面有着不凡的天分。他们不仅表现出这样的能力，而且做出了实际的业绩。这样的人物，在三星受到了最高程度的重视，是企业的领军人物。H级员工同样在某一领域有着巨大的潜力，只是这样的潜力还有待发掘，他们在实际的工作中可能尚未创造出成绩。这样的员工，是企业的种子培养选手，也是公司密切关注的对象。S级员工和H级员工共同构成了三星的人才核心，也是三星的智囊。A级员工是指三星的普通员工，同样也有业绩与能力，但和H级员工相比还是有着一定的差距。当然，这样的分级排名并不是固定不变的。如果一个A级员工表现出了某方面独特的天赋，或者是做出了不凡的业绩，是完全有可能被升级为H级员工的。不同等级员工的薪资水平差别非常大。如H级员工的薪资就是普通员工的3倍。之所以设置这样的差别工资，一方面是为了用高薪吸引和留住核心人才，另一方面，也是让普通员工产生危机感，去努力地争创业绩，提高自己的能力和素质。

2. 基于绩效的薪酬体系

除了按能力划分人才，对人才进行分门别类的管理外，三星的薪酬支付制度也具有有效的危机激励作用。每一个级别的员工，其薪酬是按照实际业绩来支付的。比如说，A级员工，40%的工资是基本工资，而剩余的60%，完全要看其的业绩表现。若表现出色，那就会拿到全额工资，甚至拿到超额奖金；若表现平平或不足，则会有相应的扣减。这样一来，每一个员工都会有相当的危机感，会拼尽全力去争取业绩。就连三星的首席执行官也不例外，甚至更为严格。首席执行官的基本工资只占25%，其余的75%要看公司的上市股票在证券市场的表现。这样，从上到下，一套真正有效的激励体制就被建立了起来。

3. 设定特殊贡献奖的正向激励制度

除了危机激励制度，三星还有很多正面激励制度。每一年，三星都会拿出一部分专门的资金奖励那些在技术上有着重大突破和创新的人。例如三星就曾给半导体事业部的6名高级技术人员奖励了将近12万美元的现金。三星还有一套非常诱人的年度分红制度，分红的基数是每年实际完成业绩超过计划业绩的部分，从这一基数里提出一部分资金设立奖金池，发给管理人员和技术人员。这个基数越庞大，每个人的分红就会越多。这样就形成了一种巨大的整体的正面激励。除此之外，三星还有完善的生产奖金制度、年薪制度，这些都是非常有效的激励制度。

在三星，赏罚分明是激励制度最为明显的特征，也是这套制度有效实行的重要保障。若有员工为企业做了贡献，或者自己的能力得到了提升，那么三星必然会有奖励，或是现金奖励，或是晋升；但若有人犯了错误，给企业造成了损失，那么必然会受到惩罚，这惩罚可能是扣薪、降职，严重者可能会被解雇。正是由于赏罚分明原则，员工才心服口服，觉得公平，才愿意努力向上，尽量避免犯下错误。

三星创始人李秉喆

第八章

三星的创新之路

一、创新之路

"不要怕失败，大家要创新，要敢于冒险。"这是三星会长李健熙在2006年的新年致辞中特别强调的。这份新年致辞是李健熙对三星全球11万多名员工发出的新年祝福和宣言邀请——这已经不是他第一次把"创新"放在给员工讲话的首位了。

三星从创业到创新，经营的是商业价值帝国。三星的经验，是相当重视团队和创新。而创新来自于艰苦奋斗的努力和专注的精神层面的火花迸发。李健熙自从上任以来，一直在强调改变和创新："三星要在各个领域都努力成为第一，成为引领这些领域的具有最新技术、最优文化的企业。"

三星的创新模式引起了很多学者对其的关注和研究，巴里·贾鲁泽尔斯基（Barry Jaruzelski）在《全球创新1 000强》一文里比较研究了许多追求创新的企业，如苹果、谷歌、三星等，发现三星的创新之路与其他企业殊途同归但又极具个性的特点。

1．保持个性化设计及研发的领先地位

对于三星电子而言，继续保持在个性化设计方面及研发方面的领先地位显得非常重要。三星正全面地致力于一种以市场为导向的设计，这种设

计将把统一的三星品牌形象融入每一个产品中——从产品内部到用户界面和修饰，以期使消费者能更轻易地辨认出三星产品，突出三星产品介于感官和认知之间的平衡之美。

"三星的事业领域分为三个部分：第一个是现在三星企业在某些领域已然做得非常出色了，全然占领并确立了市场主导位置的部分，这是目前我们可以获得成果的事业领域，会继续加强这一领域的投资。第二个是在5年之内有可能给公司创造利润的领域，我们称之为'苗圃事业'，它虽然还很幼小，但在1~5年之内它会结出成果，为企业创造利润。第三个是在5~10年之后能给公司创造利润的，我们称为'种子事业'，在这一方面的投资也是重要的。有了这样的划分，我们就更清楚每个领域我们的创新方向与精力分配了。"

2．高强度地推进电子结构调整

三星电子的结构调整指挥部曾经为三星的机构变革立下了汗马功劳。如果没有结构调整，三星是无法成长为每年能创造以亿为单位的纯利润的一流企业的。

结构调整总部在外汇危机以后主导结构调整，打下了包括电子在内的各个部门不管在什么条件下都能创造经济利益的基础。结构调整的细节计划和方法虽然是由三星电子制订，但基本方向是由结构调整总部提示的。经济危机后的1998年下半年，三星电子因为人力裁减问题而受到困扰，已经做了一次精兵简政，但结构调整总部认为危机会长时间持续，并打算再进一步精减。从电子经营者的立场上看，一年内进行两次精减很不容易，但结构调整总部以李健熙的信任为后台，超高强度地推进了结构调整。三星电子通过大力分家和出售，把人员从4.7万名减少到了3.8万名。这种"减肥"政策与后来手机以及半导体事业兴隆一起，成了使三星电子每年能够创出高利润的原动力。

三星手机的横空出世，也离不开结构调整总部的幕后支持。三星必须开创新的模式来突破市场档次，想办法占据世界强势的电子领域领导位置。

3．基于竞争理念的创新模式

关于苹果公司的创新模式，贾鲁泽尔斯基认为其是以需求为主的，这里所说的需求并不是市场的需求，而是苹果公司假定自己比客户更了解客户的需求，甚至不需要市场调研而只依凭对客户的观察就能够创新出客户尚不知道的需求。比如在触屏技术的应用上，苹果确实做到了比其他公司更加优质的用户体验，因此才能在全球市场上雄霸一时。而关于谷歌的创新，贾鲁泽尔斯基认为那是一种传统的创新模式，更倾向于从技术层面扎扎实实地进行发明创造，以提升产品的性能。与苹果、谷歌较为"主观""骄傲"的创新方式相对比，三星公司的创新更贴近市场的需求——贾鲁泽尔斯基认为，三星能够快速而紧密地跟随市场，对市面上出现的新技术非常敏感，三星能够提早地判断出这种新技术是不是能够赢得市场。如果答案是肯定的，那么三星会采用一切方式复制或者是买下这项技术，应用到其产品中，抢占市场先机。这种"投机取巧"的方式被很多人批判，很多人认为三星不过是别人创新的"山寨者"，但这是一种基于竞争理念和典型的前沿市场活动研究进行的创新——因为如果单纯地复制，三星也不可能生产出世界上唯一可以与iPhone抗衡的产品。

4. 基于用户需求的创新之路

不管人们如何评价，三星在市场上创造的商业奇迹是人们有目共睹的。三星对创新有新的见解，那就是创新并非一味地停留在技术或理想层面，而是基于用户的现实需求对体验进行重新定义，挖掘新的需求、开创全新的领域都是创新价值的一种体现。那么三星是如何走上这一条创新之路的呢？

首先是对技术创新的追求之路。三星从最早向日本三洋公司学习基本的组装黑白电视机的技术，到后来逐渐发展出自己的技术生产彩色电视机、立体收音机、微波炉等，三星的第一代领导人李秉喆走过了非常艰难的路。大致可分为5个阶段：

第一阶段，模仿日本公司简单的组装技术。

我们通过前文可知，三星在创业之初是帮日本上市公司三洋公司做产品的代加工以及简单的组装业务，由此开始了三星的企业成长之路。

第二阶段，改进三星既已掌握的技术。

为三洋代工也不是一件容易的事情，因为当时韩国政府的政策是鼓励出口，所以有很多小企业拿到类似于三星这样给国外大企业贴牌组装的机会。当时三星才刚刚成立，没有过硬的技术也没有稳定的产品，只有对已经掌握的技术加以改进，以提高生产效率。三星通过努力，改进了组装黑白电视机的流程，成为三洋稳定的"打工仔"。

第三阶段，自行研发出国外同行已经生产出来的产品。

经过对三洋与索尼公司技术的"偷师"以及自行摸索，不仅可以自行生产黑白电视机，而且在1978年，三星电子黑白电视机的产量超过日本松下，成为世界第一。

第四阶段，通过改进设计出新的产品。

随着韩国经济的发展，电子业越来越呈现出一种良好的发展势头，三星领导人看到进军电子行业是非常符合市场需求的，便稳下心来，投入了一大笔资金，聘请了日本的技术顾问和许多研发人员，进行技术的研发。比如，三星通过技术攻关，终于不再依靠外国公司，于1976年获取了彩色电视的生产技术，自行生产出了韩国第一台彩色电视机。

第五阶段，通过技术投资和创新获得先进的技术能力。

20世纪90年代，三星经过市场分析和战略定位，发现半导体行业存在着巨大的商机，就通过大量的投资进入半导体行业。三星收购了一些做半导体的小公司，形成三星集团的半导体产业。通过努力，三星半导体公司在全球半导体芯片行业做出了突出业绩。1978年，三星半导体从三星电子中分离出来独立运营。1983年，三星成功开发了64K DRAM和VLSI芯片，开始在国际半导体市场崭露头角，成为全球半导体领先厂商并进入全球科技市场。

因此，李秉喆就非常强调对科学技术的应用，他认为拥有了先进的科学技术就是拥有了一种全然不同的力量，能够主宰和改变世界的某些领域。他曾经说："我们应该凝聚一切力量，凝聚一切智慧，凝聚我们民族的文化，创造前沿的技术。我们必须有预知未来的远见、培养人才和发明创造的耐心，在半导体、电子计算机等领域给人类留下真正的财富。"甚至，他在临终前告诫子女时说的都是："技术才是真正的主宰者。"

5．将技术创新作为企业经营的核心理念

一些新的产品也不断给三星电子带来机会。例如，三星电子的新型DuoCam，这是一个带有内置数码照相头的便携式数字摄像机。对于那些希望能够拍摄高质量静态图片的、对数码便携式摄像机有着更高要求的客户来说，DuoCam提供了一种独特的增值解决方案。再如，三星电子新一代照相手机集合了世界先进的TFT–LCD技术和用于多媒体通信的高速数字传输技术。这些产品都体现了人性与技术的完美结合。到了第二代领导人李健熙的阶段，三星更是将技术创新视作企业的核心。

6．设计创新之路

设计的创新保证了技术，而外在的创新则要靠设计创新来实现。李健熙把设计创意看作电子消费类企业的重要资产，认为创意设计也是决定企业成败的关键。三星设计创意之路是分为5个部分来实现的：

第一部分，培养优秀的设计人员。为了实现这个目标，三星派考察小组前往美国芭莎蒂娜艺术中心考察，并且聘请了美国知名的设计师戈登·布鲁斯作为指导和领军人物，成立了三星创新设计实验室、三星艺术与设计研究院等来培养大量的设计人才，这些学校的专任老师90%以上来自于设计现场的一线设计师、企划师或设计经理，以在设计现场实践教学

的方式培养学生，使其成为三星的人才储备。三星公司排名前250名的产品设计者，都是来自于三星自己的设计培养学校。现在三星在韩国首都首尔的设计人员有300多名，在美国、日本以及欧洲地区还有4个设计部门，他们的目标就是把三星的产品做到"一眼就能被消费者识别出来"。

第二部分，加入时尚的元素。三星产品对时尚的把握主要是结合服装、建筑、艺术等元素，对产品的外形、色彩、触感进行创新，力图把酷炫和未来感的风格与三星产品结合在一起，并且根据地域的不同设计出具有本土文化感的特色。为此，三星每年都要组织一批优秀的设计者，前往北京、华盛顿、佛罗伦萨、雅典、墨西哥城等地进行文化考察，把握不同地方的时尚规则。三星的创意总监曾经说，三星的产品要做成特别有"眼缘"的产品，让消费者一看就觉得与众不同，发出"WOW"的赞叹声——他们还专门制订了一个"WOW计划"来实现这个目标。

第三部分，营造设计文化。产品的设计与设计师的价值观和理念密切相关，为了使设计师做出真正属于三星的产品，三星通过内部建设和外部学习营造了风格鲜明的三星设计文化。比如，为了实现产品视觉上的"简洁"，三星设立了一个小组开展了一个全球的项目，目的就是探寻世界各地对简洁的理解，并将研究结果提供给设计师学习。一时间，不仅三星产品走简洁路线，就连公司内部空间构造风格都更加线条化。

第四部分，培养全球视野。培养全球视野是为了使三星的产品能更加适应国际市场的需求，为此，三星将旗下的设计学校建立在世界各地，以接受不同的区域文化、吸收多元化的灵感。同时，为了保证产品风格的统一性，三星建立了一张世界设计网络，使这些来自各地的设计灵感能够汇聚在一起，融合成为整体的风格。为了培养具备全球视野的高级人才，三星还会定期在企业内部选派一些年轻骨干去全球各地进修、学习。这群人在三星内部被称为"地域专家"，每到一个国家，他们会学习当地语言，了解当地习俗和文化。除此之外，三星的设计师还与世界各地知名的时尚设计师进行跨领域合作，以便拥有更为广阔的视野。

7. 产品的创新之路

有了先进的技术和时尚的设计，三星更为重要的任务是把前两者整合成为被消费者喜爱、实用的产品，力求以强大、酷炫的产品形成独特的竞争优势。为了使自己的产品一直保持新鲜的状态，三星利用性能和设计的先进特点，声东击西，不断出击，建立产品的新规则，抢占市场先机。比如，在笔记本市场上，几乎所有的产品都是按部就班地依照技术的革新进行产品的更新换代，而三星在这之上使出了"剑走偏锋"的一个招数——避实就虚。这个招数主要是针对笔记本的另一主要消费群体——年轻人，维持市面上现有的配置，加入技术创新和设计亮点。如2001年三星NV5000将可视移动网站系统和打印机、USB等技术结合在一起，将这款笔记本做成了便携式的PC，加上其炫目的香槟金和银蓝色外壳，一举获得了当年的几项大奖，成为市场上最有竞争力的笔记本之一。而2012年，三星又推出了Smart TV ES8000系列平板电视，它的开启、换台、音量调节、上网乃至全智能搜索功能，样样齐全。《商业周刊》在一篇题为"全球最佳品牌"的文章中写道："三星在设计研发中的巨大投入为其在高端产品领域带来了丰厚的利润回报。这些产品包括可以像油画一样悬挂于墙上的TFTLCD显示器和小巧的便携式DVD播放机。"近年来，三星电子凭借彩屏手机业务一跃成为世界第三大手机制造商。其手机的很多功能都可通过语音、手势进行控制。强大的智能优势，使其彻底颠覆了传统电视的操控理念，成功开创了电视行业的新纪元，并一举赢得CES创新设计与工程大奖。

二、一直引领潮流

当今世界不乏伟大的领导的世界企业，他国企业之楷模。但是这些企业并不都能引导世界潮流，真正引导世界潮流的是一些像韩国三星电子、美国通用电器、日本索尼这样的新兴企业。特别是三星电子自第二任企业领导李健熙继任并开始创新改革起，三星走上了一条"坦途"，引领着时代潮流。

——郎咸平

1．消费电子产业的高速增长

近两三年来，消费电子产业发展势头一片大好，一直保持着高速增长。2012年全球消费电子产品的销售额首次突破10 000亿美元，实现营业收入2 040亿美元，同比增长5%。据预测，2013年全球消费电子产业营收将达2 096亿美元，同比增长3%。而每年1月，消费电子行业都要迎来一件盛事——在美国内华达州拉斯维加斯举行的美国国际消费电子展（Cosumer Electronics Show，CES）。CES一直是消费电子行业尖端科技的会集地，也是全球消费电子产业的"风向标"。在每届CES上，各大企业都会把自己的"杀手锏"产品拿出来亮相，展示自己在创新和科技方面的实力，同时向优秀的同行竞争者学习探讨。

　　三星作为亚洲电子业的代表企业之一，每一年都会凭着尖端的创新产品，为所有参展企业和消费者带来震撼。如2012年的CES上，三星带来了首款超级OLED电视，向人们展示了突破创意界限的精彩，打破了家庭娱乐的界限。而另一款LED TV UNES8000，则向消费者们重新定义了进入、体验以及管理家庭娱乐的方式——这款电视搭载了双核处理器，并提供了多种应用下载商店（Samsung Apps），消费者可以同时进行网络冲浪以及多程序下载等，完全颠覆了电视机的传统观念。而2013年，CES才开幕一个多月，三星一台最新的电视机就引起了所有参会者和媒体的密切关注。这台电视机最大的亮点是具有110英寸①屏幕，是首款由三星自主研发的全球110英寸超高清ADSDS显示屏，更具有178度的超宽视角。这台电视机还采用极窄的边框设计，呈现出了极高的对比度。此外，它还采用2.2声道扬声器、四核处理器，并支持语音和手势控制等功能。这台电视机在展览现场出尽了风头，同类产品在其强大的气场下相形见绌。三星展台的负责人说，三星的设计构想就是要带给用户全新的视、听、体全方位体验，引领电视消费的新观念，让所有三星电视机的消费者都有一种"原来电视机还可以有这样的功能"的感觉。

　　三星之所以能够一直站在消费电子行业的顶端，是因为它一直坚信潮流是用来引领的，而不是用来跟随的。有人说现在电子行业变化很快，产品易被模仿，行业内企业的差异性并不大，创新产品的优势并不能持久。那么，三星公司是如何保持持续领先的地位的呢？

---

① 1英寸=0.025 4米。

2．"生鱼片"理论

三星CEO尹钟龙曾有一个生动的比喻：新产品就像生鱼片一样，要趁着新鲜赶快卖出去，不然等到它变成"干鱼片"，就难以脱手了——这就是有名的"生鱼片"理论。所以一旦抓到了鱼，就要在第一时间内将其以高价出售给第一流的豪华餐馆；如果不幸难以脱手的话，就只能在第二天以半价卖给二流餐馆了；到了第三天，这样的鱼就只能卖到原来1/4的价钱。晚一天就跌一半的价钱，电子产品的开发与推向市场，也是同样的道理。因此，三星最重要的生存法则不仅仅是需要技术、设计的不断创新，更需要把每一个"新"产品该赚的利润在市场还未出现竞争时就赚到。因此，三星想方设法地缩短产品研发和推向市场的周期。而其公司的产业组合及商业模型，能够使它有效地支持源创新与流创新互动，从而使三星公司一直能够带给消费者"最好的生鱼片"产品。

在三星看来，创新不一定就是要彻底地更新换代。前文说过，三星集团的产业链较同行业更加完整和多元化，这样就使得其每一个产品都能够有一系列配套的配件。而这些配件在不同的组合之下，自然又可以给消费者带来新的体验。不仅如此，三星的创新点还来自于迎合某些新的理念，实现用户的细节要求，提供更精细的产品服务——这四大法宝，使得三星稳居引领潮流的"老大"地位。

3．创造新的理念

随着市场竞争的升级，企业进入了概念营销的时代。产品的创新也表现在对概念的经营和应用上。人的理念决定其生活方式，对产品进行概念上的经营，就是通过推出某一特定概念，展现产品的核心价值，从而把消费者的潜在需求引导出来，甚至达到"创造需求"的境界。如果能够应用新的概念，将消费者的潜在需求挖掘出来，就能够唤起消费者的购买力。比如"亚健康"这个概念，采力制药提出来之后很快出现了一个新的市场，受益的企业不止一家两家。

三星强大的市场能力能够使它及时迎合最新的理念，借力推出有特色的产品。2008年北京奥运会前夕，第11届国际科技产业博览会在北京隆重开幕，这是奥运会前夕举行的一次高规格科技盛宴，众多企业纷纷携自家拿手产品亮相，整个会场洋溢着科技奥运、绿色奥运的氛围。此次三星的亮相是为了打响其未来战略的第一枪，因而高举绿色科技大旗，在科博会上用强大的营销方式展出新概念打印机、液晶显示器等一系列创新产品。如打印机CLX-3175FN，三星主打的概念是"小巧不占空间"和"安静"。本来市面上的打印机功能相差无几，都可以打印、复印、扫描和传真，但三星强调的是不占地方，人们就会想起办公室里那个大块头，要用的话还要站起身来去操作，而眼前三星这一款放在桌面上就好了，并且还静音——三星正是这样唤醒了消费者渴望但自己还没有发觉的愿望，通过这种方式紧紧地抓住了消费者。

4．深入生活细节

台湾亿万富翁王永庆曾经说过："一个企业要创新，必须加强对细节的关注。"而海尔总裁张瑞敏谈到创新时也说："创新不等于高新，创新存在于企业的每一个细节之中。"在没有颠覆性的技术革命发生时，创新很大程度上是来自于细节的。特别是消费电子行业，深入生活细节，了解消费者使用产品时尚且存在的小问题、小尴尬，有时候就能够为企业带来新的市场。

许多家庭都有过抢电视"遥控板"的经历，轻则使家庭成员闹不愉快，重则成为引发家庭大变故的导火索。三星的一位工程师因为自己与妻子抢遥控板而吵架，突然心生一念："如果一台电视能够看两个频道就好了！"于是，三星的一款名为KN55F9500的重叠多视窗电视就诞生了。这款电视可以在屏幕上同步显示两套电视节目，通过配置的3D眼镜可以看到自己想看的画面，声音会通过不同声道传到各自的耳朵里，不同喜好的人再也不用争抢遥控板了。

三星前不久在中国市场推出了Mouton冰箱，这个专门为中国的消费者设计的冰箱亮点在于将箱体的高度缩减到60 cm，这样的尺寸符合中国绝大多数家庭厨房橱柜的大小。这样，三星的冰箱就可以更好地融入家庭装修的整体设计中。

在数码相机行业，三星也沿袭了其注重细节的传统。现在世界上大约有几十亿数码相机用户，越来越多的人，不管是十几岁的孩子还是上了年纪的老人，都逐渐习惯于将日常生活的场景拍下来随时上传到社交网络中。但从前市面上的数码相机缺少这一功能，人们拍了照片之后只能等到有电脑、有网络的时候才能够上传。三星针对这个问题，开发出了带Wi-Fi的数码相机，实现了数码相机与网络的结合。

5．组合出新功能

三星强调自家电子产品的创新性，被很多媒体和竞争对手批评，说它并没有真正的创新，只是善于取巧，把许多不相干的功能整合在同一个设备中，便称是创新。事实上，做电子产品的企业都有型号类似的配件，而根据各个企业定位、技术的不同，产品细节上有所差异，需要的配件也可以相互购买。比如，三星自己也为其他企业提供电子芯片，同时也向竞争对手购买需要的配件。而相对于兼容性与通用性都不及三星的苹果来说，三星就可以迅速在模仿的基础上加上自己的创新，推出相似但更有价值的产品。比如，现在市场上唯一能够与iPhone抗衡的手机Galaxy便是最好的例子。

除此之外，三星集团内部的产业很多，"一家亲"的氛围或多或少影响了三星的研发设计者，对产品的界限分得不是那么清楚，反而"组合"出了新的数码概念。比如，三星电子公司的两个分支——一面是电视、电脑、通信及消费电子产品，而另一面是半导体及LCD组件产品。我们发现三星很多引人注目的产品都是将两者巧妙地结合，从而打开了一种新的销售局面。再比如，三星新推出的产品ME 179KFETSROTR速热烤箱，也是集对流烤箱、烤面包机、烘焙机、微波炉和吸油烟机于一身的全能型产品。面对这样多功能的产品，我们除了惊叹还能有什么呢？像三星这样，将多种产业进行组合的方式很值得中国企业学习，但需注意的是，产品组合并非简单的叠加，而是将组合做成自身的新动力，并能够"嫁接"到合适的商业模型中。

6．提供更细致的服务

三星对潮流的引领还体现在为客户提供更为细致的服务上。比如，消费电子产品存在着更新快的特点，很多消费者不可能紧跟时尚潮流，出一款产品就更新自家原有的产品，产品的迅速贬值会引发人们对品牌贬值的印象。针对此种情况，三星利用其独有的芯片系统（system-on-chip）技术，开发出世界上首款"进化包"模块。该"进化包"模块内含必要的软、硬件，只需把芯片插入电视后面的插槽中，智能电视应用便能每年得到更新，从而让智能电视拥有更加丰富的内容和更加卓越的性能，而设备也能够在最大程度上被保值。

三、旗舰企业的创新

有人说三星集团相当于美国把IBM、Intel、花旗银行、卡特彼勒（世界最大的工程机械和建筑生产商）、安泰人寿保险公司组合在了一起，它是韩国最大的财团之一。很多人其实并不完全清楚三星旗下到底有哪些企业，但肯定知道三星电子。事实上，三星集团现在对外宣传时在很多情况下讲的都是三星电子，而三星第一代领导人李秉喆和第二代领导人李健熙所讲的经营、变革理念也大都针对的是三星电子。三星电子绝对是三星集团的旗舰企业，其业务涉及多个领域，主要包括半导体、移动电话、显示器、笔记本、电视机、电冰箱、空调、数码摄像机以及IT产品等。三星电子在动态存储器、静态存储器、CDMA手机、电脑显示器、液晶电视、彩色电视机等近20种产品中保持着世界市场占有率第一的地位。

《韩国经济新闻》曾经对李健熙进行了专访，当被问及三星电子为何强大时，他回答说："三星电子半导体、数字、家电、通信事业等齐头并进，综合发展，产业之齐全是世界上少有的。另外，最重要的是，三星电子能够应对外部变化，能够始终做出领先时代的产品，关键就在于创新。"正如李健熙所说，三星集团多元化的产业结构降低了三星电子生产的边际成本和风险。三星电子的半导体、通信、数字多媒体、家电等四大产业均衡发展，而在家电领域，有洗衣机、冰箱、空调、电动燃气灶四大核心产品。这样，不仅使产品之间没有那么泾渭分明的界限，研发人员可以随心所欲地组合出产品的新功能，而且任何领域的危机都不会动摇三星的整体经营，相反，企业之间可以及时相互伸出援手，渡过资金、技术等难关。

1. 战略的创新

三星电子的创新很大程度上是战略的创新。这就好比一艘帆船，如果掌舵人能够按照风向使帆船处于正确的航向，帆船就更容易穿越风浪，到达目的地。1999年，当大多数企业还在为MP3播放器这样的市场进行争夺时，李健熙已提出三星跨时代的一个战略——"数字战略"：以数字为中心进行产业结构重组，将企业转化成为"市场导向型"企业。在这一战略指引下，三星全面拉开了数字大战，与诺基亚、索尼等知名公司抢夺数码市场。三星把大量的投资都押在了数码产品上：1999年三星电子投入12亿美元研发数码产品，2000年研究经费达到了17亿美元……更为重要的是，三星电子想方设法引进先进技术，通过将技术创新和设计创新整合到产品中，不断开启用户的全新体验，将产品改造得更加人性化、更受消费者的青睐。这一时期，"数字战略"的成效在三星电子的大力投入之下几乎是立竿见影，以10%的市场份额抢占了诺基亚独霸第一的美国市场；而三星CDMA在各个国家的合作也相当顺利，一举拿下26%的市场份额，成为世界上最大的CDMA供应商。

三星由于处在韩国这样一个地小物稀、资源缺乏的国家，加上受韩国传统文化的影响，在电子业成长的过程中，始终强调一种资源与发展不平衡的法则。在这种情况下，三星电子必须用一些新的方式降低自己的总成本。好在三星集团的业务范围非常宽泛，三星电子能够充分地利用巨大、多元的产业从组织结构上创新，实现多产品的协调发展，在最大程度上降低产品的成本。如三星电子自己可以生产手机的电子芯片，而这些芯片与索尼、微软、IBM等大企业的产品是相通的，因此便可以同这些世界一流的大企业合作，为其提供手机芯片。这样一来，同样级别的一款手机，索尼、微软、IBM这些公司的成本肯定要高于三星，而三星正是以这样的方式实现了利润的最大化。同时，三星掌握了核心组件的技术，就可以在一些重合的领域交叉应用这些技术，"摊薄"成本，使三星更有竞争力。比如，网卡和手机上网技术就可以重合，共同使用三星的通信技术。

2．强调速度的"第一"

三星CEO尹钟龙说："在虚拟时代，知识和技术的积累以及勤勉才是制胜之道，而在数字时代，最重要的是创新和速度。"因此，三星电子非常注重速度，使其他企业难以望其项背。诺基亚公司从事通信业比三星早了120多年，三星电子进入手机市场不足20年，却不断壮大也不断蚕食着手机的市场份额。2010年，三星凭借能够与苹果公司iPhone抗衡的智能手机Galaxy夺得市场销售冠军，远远超过了诺基亚。在三星发展的年表上，最令人震惊的就是三星每一年都会有许多的"第一"生产出来：1994年，三星电子开发出世界上第一个256 M动态存储器（动态存储器是决定计算机存储量的关键部件）；1995年开发出世界上第一个22英寸TET-LCD；

1996年成功地开发出世界上第一个1 GB动态储存器；1997年成功地开发出世界上第一个30英寸TET-LCD；1998年三星电子开发出世界上第一个128 MB同步DRAM以及128 MB Flash内存、第一个1 GHz CPU、第一个24英寸宽屏TFT-LCD……这些第一，都是三星电子追求技术创新和产品速度的见证。

　　除了在战略、技术和组织结构方面坚持走创新之路，三星电子在营销上更是不遗余力。首先，三星在全球范围内进行了整合广告运动，强化了"Samsung Digital，Everyone's invited"的宣传口号，树立了三星在数字化时代作为领导者的品牌形象。其次，它一直延续三星电子的奥运宣传策略，除了投入大量的经费努力成为每一年的奥运会赞助商外，还抓住所有跟奥运有关的科技展示活动，推出与奥运主题一致的新型概念产品，使三星高品质的形象始终深入人心。除此之外，三星电子即便是偶有丑闻曝出，它都能够采取恰当的公关活动，把消极的影响变成积极的宣传。从20世纪90年代李健熙的"烧手机"事件，到前不久与苹果那场轰轰烈烈的官司，每一次三星电子都能够采用高超的营销方式，化险为夷，并竖立起一个更好的形象。

三星创始人李秉喆

第九章

三星的国际化

一、传统与国际化的碰撞

从20世纪60年代起，韩国创造了汉江奇迹，用30年的时间使人均GDP达到了6 330美元，超过了世界上其他国家，完成了欧美国家花了上百年才完成的工业化过程。韩国的经济发展是个复杂的综合过程，在受到地理位置、自然资源限制的情况下，毅然走上了利用外资、鼓励出口的外向型经济发展道路。到了20世纪90年代，韩国新经济五年计划更是将韩国的经济发展推向了国际化、世界化战略的道路。政府的主要作用是对大规模的技术引进项目和高科技引进项目进行组织、管理、协调和促进。韩国经济的发展离不开国内大大小小的企业。那些中小型企业，虽然不会对韩国的经济产生至关重要的影响，却构成了韩国经济的整体，提供了大量的工作职位，帮助吸收闲散的劳动力。而那些不到2%的大企业，被称为韩国的大财团，则在韩国经济发展中起到了至关重要的作用，三星就是五大财团之一，很大程度上决定着韩国经济发展的态势。

三星是一家典型的韩国企业，具有浓郁的韩式风格，但其定位又是一家国际大企业，这就注定在走国际化开放、包容道路的过程中，三星会与韩国传统文化发生碰撞。

美国学者格里高利·汉德森（Gregory Henderson）在研究韩国文化

时，发现韩国人有一个特点，那就是紧紧地围绕着某一个组织的中心，像旋涡一样蜂拥而上。这个中心可以是组织本身，也可以是组织中的某一个人，人们为了生存需要，会想尽各种方式生存和向上攀爬。格里高利·汉德森称之为"旋涡现象"。这实质是一种中央集权的生存环境，导致人们拉党结派，只要能抓住机会就一定下手"狠、快、准"。但另一方面，这对于企业来说有很好的一面，就是很容易激发员工的"狼性"，推动企业的发展。三星集团就像是一个经济大旋涡，除了人们熟知的电子产业，还席卷石化、造船、航空、通信、金融和服务业等行业。人们对三星的态度大都是趋之若鹜，觉得只要能与三星沾上边儿，就会立即身价不同。甚至有人戏称："三星如果能够卖烤饼，那也一定会烤出最香的饼。"

1．集权制管理

作为一家典型的世袭制家族企业，家族成员在高层管理人员中的比例超过10%，并通过内部交叉持股，使家族成员掌握着公司的绝对控制权。三星集团内部实行集权制管理，决策高效、执行迅速，尤其适合竞争激烈、日新月异的电子行业。当竞争对手还在反复商讨、举棋不定时，以李健熙为主导的"旋涡中心"只要召集几位掌握核心技术的工程师，听取他们的意见后就可以果断拍板，然后全集团上下都立即围绕着这个决策进行高速运转，直到产品上市。在这样的组织结构之下，三星员工的执行力和现场解决能力令人震惊。例如，有一次三星的工人需要把一台极易损坏的机器从一个工厂搬到另一个工厂，半路上要经过一段极为坑洼的路，极有可能损坏仪器。如果换了中国的工人，要么就冒险一试，要么就等有关部门来解决道路问题。而三星的工人二话没说，想办法铺平了道路，并用大功率电风扇把路面吹干，然后顺利移走了设备。三星电子半导体业务单元总裁李润雨曾说："三星之所以在低迷期还能大举投资，就是因为财阀的集权制。"通过这样的"反周期投资"，三星先后拿下了DRAM内存、液晶面板等产品的市场份额，具备了三星电子近年以产业链的垂直整合能力著称的竞争优势。

2．卡里斯马效应与三星国际化之路

在韩国的传统企业里，有着浓重的"卡里斯马（Charisma）效应"。卡里斯马原意为"神圣的天赋"，来自早期基督教，初时指得到神帮助的超常人物，引申为具有非凡魅力和能力的领袖。德国社会学家韦伯在《经济与社会》一书中首次使用，对权威进行分类时将其称为卡里斯马式权威，认为具有这种品质和力量的人高踞于一般人之上而成为领导，他们能够感召他人或激发他人之忠诚。在这样的组织里，组织成员的凝聚力都来自于领袖个人所具有的非凡魅力、卓越能力及其所传播的信念。而卡里斯马领袖也会通过组织集体的仪式和活动，不断加强他的个人魅力，保证其魅力的持久性。三星集团的第二代领导人李健熙就是这样一个典型的卡里斯马式领袖。所有的三星人甚至是韩国人都认为他极富个人魅力，其身价超过了9万亿韩元（约合540亿元人民币），被人称为是韩国的"经济总统"，连《新闻周刊》都将他评价为韩国的"幕后帝王"。索尼的一个高管开玩笑道："李健熙的命令，就像来自上帝的声音，所有人都会听，没有人说'不'。"不仅李健熙极具卡里斯马气质，三星内部自上而下都弥散着这样一种以领导为权威的氛围。据说三星员工之间还流行喝一种"忠心酒"，就是下级为了表示对上级忠心，把一些脏东西扔进酒杯中，当着上级的面儿把酒喝下去，表示下级从此唯上级马首是瞻。

三星的"旋涡"文化与领袖权威式的领导，无疑是三星取得当下成就的最大功臣。但伴随着三星新五年计划的制订，三星的国际化道路却可能因为韩国传统的文化而受到阻碍。

首先，"旋涡"的特质使其在人才引进方面有一定的困难。像苹果公司这样极富创造力的公司，其人才的聘用不受年龄、出身和学历等的限制，只要你有好的创意和技术，就可以担当重任。而三星在人才聘用方面虽然也讲求很多人才战略，但实际上在选择关键的管理运营人才时依然看重资历和民族，这就造成了一种无意识的歧视，以至于很多真正的人才都不愿意到三星去，甚至有些人在加入三星不久后就因无法忍受歧视而退出。有调查表明，三星在中国建立的分公司中，重要的决策部门和人事调用部门很少用中国人，都是从韩国指派。并且三星的某些部门在用人上确实存在着隐性的歧视。比起其他企业，如摩托罗拉，三星的文化显然不够包容。所以，要真的成为国际一流企业，三星还需要克服这种集权和保守的文化意识，营造更为宽松的工作环境，才能够吸引到更为优秀的人才。

其次，三星的企业文化中有着浓重的卡里斯马效应。员工被要求做一些统一的非正式活动，比如集体唱《三星之歌》等，虽然可以增强凝聚力使员工更加团结，但在西方企业民主、开放的企业文化对比之下，这样的企业文化显然非常刻板，过分求"同"而给人一种死板的印象。"三星手册"

和"三星33条改革戒命",怎么看也是三星在过分宣扬集体主义精神而模糊了部门的职权关系。三星非常注重员工的忠诚和服从,因此很难招揽到有个性的人才。即便是企业竖起了李健熙这面大旗,在他人格魅力的感召下吸引了一些人才,但是整个企业弥漫着从上到下的上级权威氛围,这对创造力是一种扼杀。

再次,在这个现代传媒无孔不入和信息高度透明化的社会里,三星企业内部逐渐变得透明,其错综复杂的关系和利益纠葛多多少少会曝光于大众面前。三星企业的公关与营销再高明,也难掩其丑闻。1997年,韩国记者Lee Sang-ho在网上公布了一段谈话录音,竟然是三星集团副董事长李鹤洙和韩国驻美国大使Hong Seok-hyun计划向韩国总统候选人提供10亿韩元(约合300万美元)的竞选资金,一时间使三星陷入"贿赂门"中。这件事情之后,尽管三星公司大力公关,努力想将人们的注意力转移到其产品上,但无孔不入的网络又爆出三星试图操纵媒体压掉该丑闻的后续内容。2008年,李健熙因私设贿赂基金丑闻被检举,随后辞去三星的职务,最终因逃税和侵占公款被定罪,却被韩国总统特赦。隔了两年,李健熙再次回归三星。不知这样一场丑闻对李健熙的卡里斯马光环会有多少影响,但有一点是肯定的:三星并没有从固有的关系利益纠缠中脱身,也并不像其他国际大公司那样依靠的是完善的管理制度。然而更令人们大跌眼镜的是,2010年11月19日,有国外媒体报道,三星集团打算成立一个统管集团所有业务部的规划办公室,恢复它在两年前放弃的中央集权化商业模式,导致很多人不理解为何三星会在国际化的战略下反其道而行。

二、三星的全球化

一个企业管理者看待业务的方式决定了该企业的格局：以自己国家为中心的管理者，可能经营的是一个国内的企业；以多国为视角来看待自己企业发展的，可能是跨国企业的领导者；而以全球为视角的企业经营者，经营的可能是全球化的超级企业。三星的领导人李健熙无疑是个全球化的领导人，他的梦想就是要做世界一流的企业。他要求，在韩国的三星总部和在美国、中国、日本等国以及欧洲地区的分公司的领导者都应该有一种全球观，以开明的心态（Empathy）、强有力的学习能力（Learning Capability）和改变自身甚至否定自身原有定式的魄力和能力（Change Capability）这三个条件为基础经营三星。在世界的每一个地方，三星都应该保持企业一贯的优良品质，不拘一格地聘请全球的优秀人才，在此基础上结合本地的文化特色、消费习惯，吸收竞争对手的本土优势，形成具有自身地域特色的企业新经营理念。

1. 从培养员工全球化思维开始

任何一个国际化的企业，都要求领导者必须有全球市场的视野和思维习惯。每一个海外市场不管带来的利润有多大，企业都要面对异域经营带来的种种困难，如语言、文化、用户习惯、消费行为、社会规范、规章制度和环境等方方面面的不同。所以全球化的企业需要更为灵活的策略，包括技术策略、产品策略、营销策略等，都要适合本土的发展要求，为了本土化发展，有时必须进行改变。那些不能够面对自己企业在海外异化的企业，即便有再先进的技术和再完善的管理，也一样可能遇到市场的"滑铁卢"。比如，沃尔玛在德国的惨淡经营、麦当劳在冰岛的水土不服以及eBay在日本的失败，这些都是成功企业失败的案例。

三星集团的全球化战略首先从培养员工的全球化思维开始。李健熙早就认识到，从韩国传统文化中走出来的企业想要走向全球，得花时间培养一些具有全球化思维的管理者。

三星在李秉喆时代主要向欧美、日本看齐，从事着大量的出口业务，但市场主要在欧洲地区以及美国和日本等国。"新经营"运动之后，三星的技术实力实现了空前的突破，它需要更广阔的市场。20世纪90年代，许多发展中国家的经济稳步发展，开始形成电子行业的新市场。同时，发展中国家往往人多、资源多、技术薄弱，属于劳动密集型。因此，三星很是看好自己在发展中国家的市场，将泰国、墨西哥、马来西亚、捷克等地作为它的海外市场和加工厂。三星将世界市场分成了五块——中国、美洲、欧洲、东南亚和日本，分别建立了销售机构或者分公司。到1995年，三星集团拥有六个海外生产基地：SAMEX（墨西哥）、SHE（匈牙利）、SEMUK（英国）、SETAS（土耳其）、TSE（泰国）、TTSEC（中国）。由于美国当时是三星最大的市场，邻近美国的墨西哥的SAMEX成为最大的生产基地，占海外产量的19%。除了6个海外生产基地，三星还有4个制造基地正在建造中，它们分别位于巴西、越南、印度和西班牙。1995年，三星电子的彩电总产量是600万台，其中44%产自海外。

2. 产业复合化道路

三星在全球化发展的过程中也在不断调整战略，开始走向产业复合化的道路。所谓产业复合化，对于三星来说，首先是逐渐把生产都转移到一些劳动密集型的发展中国家，利用其低廉的劳动力降低成本；其次是把研发、设计等机构迁往那些具有前沿技术的国家，如美国、德国。近些年来，三星之所以要在中国建立世界第二大研发中心，也正是由于中国近几年在科技方面取得了令人瞩目的成就。

在拓展海外市场的过程中，三星有一个很重要的策略，就是与其他企业进行合作。三星与其他企业合作的第一个目的是快速进入市场。许多三星的目标市场由于政府保护、民族主义等原因并不好进入，即便花大力气打进去了也要付出高昂的成本。而三星选择与本土的企业进行合作，由三星提供技术帮助合作伙伴抢占市场，同时，对方也将市场分享给了三星。第二个目的是获得最新的技术。在技术多元化的今天，实力雄厚的大公司也不一定就能掌握全部的技术，若在很多公司通过努力取得了突破后，三星再去投资研发技术，就会远远落后于市场，于是选择了合作。第三个目的是为了获得利益。比如三星与苹果的合作。随着苹果与三星的纠纷升级，甚至有消息说两家大公司的合作将告吹，苹果将不再购买三星生产的芯片。但在商场上，没有永远的敌人，只有永远的利益，所以三星与苹果之间的关系"一切皆有可能"。

三、发展在中国

　　数据表明，中国已经成为三星企业除韩国外全球最大的投资对象国。目前中国市场已经占了三星电子销售总额的10%，而且这个比例还在逐年增加。三星中国区总裁朴根熙曾经表示，在将来的市场争夺中，谁能赢得中国的市场，谁就能赢得世界上最大的市场。在三星的国际化进程中，进入中国的电子市场无疑是很重要的一步。因此，三星在不同的战略阶段都制订了不同的发展战略。

1. 低成本的生产基地

　　第一个发展阶段是1996年之前。其实三星与中国的渊源已久，早在三星第一代掌门人李秉喆起步的时候，他的第一笔生意就是向中国东北贩卖水果、蔬菜、鱼干等小商品，这些算是三星最早出口到中国的货物。之后三星与中国的合作并不是很多，20世纪70年代，三星曾经在香港设立中转贸易公司，主要从中国进口煤炭等一些重要的能源产品。三星与中国的正式合作是1992年中韩正式建交之后，三星于1992年8月在广东惠州建立了三星在中国大陆的第一个公司SEHZ，主要经营简单的音响设备，如收音机、小音响等。随后，三星雄心勃勃地打算在中国迅速站稳脚跟，马不停蹄地于1993年在天津成立了三星电子有限公司，在中国大规模设立生产法人，包括天津三星电视、天津三星照相机、天津三星毛织、苏州三星半导体、苏州三星家电、威海三星打印机、宁波三星造船等。1995年，在北京成立了三星中国总部，1996年建立了三星投资公司。然而，当时中国的经济才刚刚起步，在多年贫困的影响下，人们更愿意选择一种节约简洁的生活方式，对电子产品的兴趣并不是很大，导致市场的承载力远远低于三星当时的生产力。无奈之下，三星只能暂时改变策略，利用中国劳动密集型的特点进行低成本的生产。

2．走向高端

第二个阶段是1997—2000年。这一阶段发生了亚洲经济危机。当时三星在中国市场上已经是连年亏损，亚洲经济危机更是给三星带来了严重的打击，1998年三星在中国的亏损额接近4 000万美元。然而与四五年前相比，此时中国人民的生活水平已经提高了很多，人们开始对电子产品有了关注，逐渐形成了一定的市场。但中国的市场向来很具有特色，三星显然没有完全认识到中国市场的复杂性，只是把中国定位成一个生产基地。发现这一失误之后，三星立即调整了在中国的策略：定位高端产品，在中国不仅投资生产，还投资研发、营销等。1999年，三星重新定位之后，在中国的市场份额迅速增加，不到一年的时间就转亏为盈。

3．确立高端、稳定、前沿的产品定位

第三个阶段是2001年至今。2001年，李健熙亲自率领一个考察团来中

国考察，当时正值中国即将加入WTO，国内经济形势一片大好，电子业已经蓬勃发展起来。李健熙对当时中国的投资环境考察的结果比较满意，因此在上海开三星社长团会议的时候对在中国的新战略进行了重点部署，并且指示三星要在中国市场上确立高端、稳定、前沿的产品定位，全面进军手机、电脑、家电等市场。考察结束后，2001年年底，三星电子就给会长交了一份满意的成绩单：三星电子在中国的销售总额超过了全球销售额的10%，三星产品在各个领域都获得了中国消费者的认同。

4．将三星中国本土化运作

2002年，三星发觉中国市场的销售额已经明显超过了他们一直苦苦追求的美国市场，决定对中国的战略进行调整。除了继续推进三星在中国电子业的发展，还打算把更多的投资放在中国。三星会长团成员李亨道表示，只要中国的政策允许，就打算在中国投资金融业。此外，李亨道对中国市场的三星化进行了部署，在利用中国低成本高利润制造的同时，追加三星中国研发资金，以吸引中国本土的人才，促进三星中国的本土化，把三星打造成一个"受中国人民喜欢的企业"。

5．韩国企业，中国气质

2005年，朴根熙担任三星中国的社长。朴根熙毕业于韩国清州大学商学系，1978年8月进入三星SDI工作，1987年1月进入集团总部，在运营团队、财务团队一直担任要职。朴根熙在中国的部署就是进一步走三星高端产品路线和三星本土化路线。他认为，不管是外企还是本土公司，不管是经营还是就产品的层面而言，在世界上任何一个国家，如果不考虑当地历史文化是没办法成功的。特别是在中国这样一个历史悠久的国家，三星更应该把根扎下来，稳扎稳打，才能长久地抓住这片市场。朴根熙说："我们仍旧朝着打造'第二个三星'的目标前进。在这个目标下，要把三星中国当作中国企业来建设，而不仅仅是在产品外观上加上中国元素。更重要的是，如何把一家韩国企业变成具有中国气质的企业。"

经过10余年的不懈努力，如今中国三星的业务已经遍布全国。截至2006年年底，三星旗下30多家公司中已有20家在中国投资，包括三星电子、三星SDI、三星SDS、三星电机、三星康宁、三星网络、三星生命、三星火灾、三星证券、三星物产等。三星中国在华累计投资达到50亿美元。2006年，大中华地区销售额为300亿美元，其中在大陆的销售额为205亿美元。2006年，三星中国从中国大陆出口的金额达到123亿美元，占当年公司销售总额的60%。

而2007年，朴根熙在新年事务会上给来自北京地区、天津地区的任员、驻在员及现地员工等400多人做了报告，还特别发表了中国总部2007年四大核心战略课题：

第一，确保最高竞争力；

第二，深化和落实危机管理体制；

第三，提高应对变化能力；

第四，落实三星企业文化。

三星中国在朴根熙的领导下，发展态势稳定，每年利润持续增长，朴根熙也被评为"最闪"的老总。2010年以来，三星在华设立了155个机构，即39个生产法人，39个销售法人，7个研发机构，70个代表处、办事处、产品技术服务机构，业务涉及电子、金融、贸易、重工业、建筑、化工、服装、毛纺织、广告等诸多领域，雇用员工数量近9万人。

四、贡献在中国

1987年李健熙接手三星的时候曾经说过："社会公益是企业的最高美德，也是我的信念和经营理念。"后来三星人把他的这个思想发展成为三星的社会贡献理念，称作"共享经营"哲学。企业的创收虽说离不开企业上下的努力工作，但从根本上来说还是来源于社会，所以企业应该及时地通过一些活动和慈善工作，帮助那些还处于贫困中的人。三星在中国10多年来获得了非常高的利润，为了形成与中国社会良性的互动循环，成为中国人民喜爱的企业，三星中国确实做了很多的公益活动。

三星的公益活动相对来说比较透明，基本上每一次活动都能够在其官网上找到报道。这一方面自然是三星营销的一大策略，但另一方面我们也确实可以看到三星的实际行动。目前三星开展的慈善活动有：支持教育的"希望运动"，增加社会福利的"爱心运动"，支援农村的"分享运动"，保护环境的"绿色运动"。

1．希望运动

这是三星针对教育的公益投资，因为教育一直是三星发展的一个重点，也是三星获得技术的重要来源。因此，三星中国对很多学校进行了赞助，在学习硬件上给予支持。并且通过和大学合作，把教育支持做到了很多领域。到2011年，三星希望小学已达到110所。三星中国于2004年开始赞助希望小学，持续不断地为偏远地区的孩子们建设学校，创造更好的学习条件。三星不仅建立希望小学，还通过一系列的活动一直对希望小学进行捐助。例如，2012年六一儿童节前夕，三星华东区派出了几位员工作为三星"如意大使"，来到了安徽宿松县千岭乡三星希望小学，为希望小学捐赠了最新款的三星如意红系列电视，使希望小学的学生们体验到了电视教学。同时，还代表三星华东区全体员工，给希望小学带来了大家集资捐赠的"如意"图书和学习用品。

2．爱心运动

这是由"三星爱之光行动"活动扩大发展而来的，主要目的在于与中国残疾人福利基金会携手合作开展综合性残疾人志愿公益活动。三星中国计划从2010年到2014年，每年捐赠1 000万元、5年共捐赠5 000万元人民币作为活动资金，以保障爱心活动顺利展开。2011年，三星中国通过中国残疾人福利基金会，向中国康复研究中心捐赠了450万元人民币，用于改善和提升中国康复研究中心康复工程研究所的假肢、矫形器、临床生产设备和研究设备，大大提升了这里的临床、科研、教学条件和综合服务实力。因此，使得假肢和矫形器的制作能力从过去的几千件，增加到1万余件，达到了国际先进水平。此外，三星还为内蒙古地区脑瘫儿童提供手术康复支援。

3．分享运动

"分享运动"中最为突出的就是"一心一村"行动。自2005年9月开始到现在，在中国各地，三星已经有40个法人各自与姐妹村结缘，13 000

多名员工直接参与到活动中，年平均活动次数200次。这个活动主要是以韩国著名的新农村运动为背景和借鉴，三星提供资金，在全国选定6个点（河北1个，天津2个，苏州1个，东莞1个，海南1个），成立"三星新农村建设小组"进行村庄道路整修、改建幼儿园及设立图书室、设立公共卫生间、建造广场等工作。尽管目前成效还赶不上韩国的新农村运动，但在试点中我们可以看到崭新的房屋、干净的村容。因此，三星中国在2006年，更荣获了由中国政府颁发的社会公益领域最高权威奖——"中华慈善奖"。

4．绿色运动

这是三星绿色经营背景下的活动，作为三星中国重要的战略方针之一，每年都会开展大量的活动，而三星会将历年开展的绿色经营活动归纳总结，出版"绿色经营白皮书"，向消费者们通报三星绿色经营的详细进展情况。三星还提倡绿色运动从小事做起，比如，在工作场所中向每一位职员推行旨在从小处节约的"一元行动"、分类收集室内垃圾并加以再利用的活动等。三星要求职员们无论是在公司还是在家，都要以哪怕是一张纸、一支笔、一滴水、一盏灯都无比珍惜的观念为主，形成环保、绿色的习惯。

三星中国之所以反复强调贡献中国、公益社会等理念，就是为了更好地融入中国的社会，适应中国的文化，被中国的市场最大限度地接纳。其实三星所代表的韩国传统文化，与历史悠久的中国文化如出一辙，有很多核心的思想是相通的。韩国文化也受儒家学说的深远影响，讲求仁者爱人。虽然三星作为一家企业是以利益为导向的，但受传统文化的影响，其企业文化也变得更加柔和。三星中国于2005年和2006年连续两年获得了《光明日报》颁发的"光明公益奖"，于2006年被人民网和中国企业文化促进会共同推举为"人民信赖品牌奖"。三星中国的目标是要成为最受中国人民欢迎的中国企业，而要实现这样的目标、实现贡献中国社会的梦想，也只有其不断地努力和慷慨地付出，才能够最终赢得中国、赢得世界。

附　录

三星企业发展年表

（根据三星官网资料编辑整理）

1938　在韩国大邱，三星商会成立

1951　三星Moolsan成立（现称为三星物产）

1953　第一制糖株式会社成立（现在已经成为一家独立的公司，不再隶属
　　　于三星集团）

1954　第一毛织成立

1958　收购安国火灾与海上保险（1993年10月更名为三星火灾海上保险）

1963　收购东方生命保险（1989年7月更名为三星生命保险）

　　　收购东花百货（现称为新世界百货，不再隶属于三星集团）

1966　收购世韩造纸（1968年8月更名为全州造纸，现不再隶属于三星
　　　集团）

　　　开办中央日报（现不再隶属于三星集团）

　　　三星文化基金会成立

1968　成立高丽总医院（1995年更名为三星江北医院）

1969　三星Sanyo电机成立（1977年3月被三星电子兼并）

三星电子工业成立（1984年2月更名为三星电子）

1973　三星康宁成立

三星Sanyo零件成立（1977年5月更名为三星电子零件，1987年2月更名为三星电机）

Emparial成立（目前的公司名称为新罗酒店）

第一企划成立

1974　三星重工业成立

三星石油化学成立

1976　三星物产荣获出口3 000亿美元出口奖

1977　三星精密机械株式会社成立（1987年更名为三星Techwin）

三星电子开始出口彩色电视机

三星造船厂成立（1983年被三星重工业兼并）

三星精密化学成立

三星综合建设成立（1995年12月被三星物产兼并）

1978　三星电子出口额达到1 000亿美元

1982　三星综合进修学院（人力资源中心）成立

湖岩美术馆开放

三星Lions（专业棒球队）成立

1983　三星半导体 & 无线通信开发出韩国第一个64K DRAM芯片

三星Watch成立（并未运营）

1985　三星数据系统成立（已更名为三星SDS）

1986　三星电子开发出世界上最小、最轻的4 mm磁带录像机

三星经济研究院成立（1991年4月变更为独立法人）

1987　李健熙被选为三星集团总裁

前总裁李秉喆逝世

三星综合技术研究院（主要为R & D中心）成立

三星Aerospace（也就是后来的三星Techwin）生产出第1 000台飞机引擎

1988　三星电子与三星半导体 & 无线通信合并

三星综合化学成立

李健熙总裁在三星成立50周年纪念庆祝会上宣布"二次创业"

兼并KOCA信用卡公司（1988年5月改名为三星信用卡，1995年9月

改名为三星卡）

三星举办成立50周年庆祝活动

1989　三星福利基金会成立

三星BP化学成立

1991　新世界百货、全州造纸以及高丽医院从三星集团中独立

三星综合化学西山石油化学工业区竣工

三星综合化学启动SM厂

三星福利基金会第一次举办湖岩奖颁奖典礼

三星支持在英国皇家博物馆内设置韩国馆

1992　三星电子采用统一的经营结构

兼并国际证券（后将公司名称变更为三星证券株式会社）

三星电子开始在中国设厂生产产品

三星生命保险公司资产达到15兆韩元

三星SDI收购德国WF

三星电子开发出世界上第一个64M DRAM

三星电子在英国伯明翰建立彩色电视机生产厂

三星SDS成立果川信息网络中心

三星电子开发出10.4英寸TFT-LCD面板

1993　三星生活文化中心开始营业

三星建设承接马来西亚KLCC建设项目

三星电子独立开发出质量只有100 g的超轻手机（SH-700）

在三星所有下属公司中引入7：00 a.m.— 4：00 p.m.出勤作息制度

十四个三星下属公司，包括第一制糖（CJ），独立

三星时尚学院成立（由三星物产、第一毛织以及第一合成纤维共同成立）

三星电子兼并美国HMS

"二次创业"第二阶段活动提出统一的公司识别（CI）

李健熙总裁在美国洛杉矶主持电子产品对比评价会

三星综合技术研究院（SAIT）开发出第一个数字视频光盘刻录机

（DVD-R）

三星电子开发出世界上第一个8 mmVCR

1994　三星电子开始在英国建设Winyard Park（生产综合工业区）园区

三星进入汽车产业

三星社会服务队成立

三星医院成立

三星电子开始建设墨西哥提华纳电子综合工业区

三星电子在世界上第一个开发出256 MB DRAM芯片

三星物产成为第一个实现100亿美元出口纪录的韩国企业

收购韩国化肥公司（更名为三星精细化工株式会社）

三星电机第一次荣获日本TP大奖

三星电机开发出世界上最小的调谐器

在日本建立总部

1995　三星电机在泰国的工厂荣获"最佳公司"奖

三星影业集团成立

三星集团网站上线

三星电子在英国建立Winyard Park（生产综合工业区）园区

三星3119救援队成立

三星在新加坡成立东南亚总部

三星综合技术研究院开发出世界上第一个实时MPEG-Ⅲ技术

三星Aerospace试飞第一架为韩国空军制造的F-16飞机

三星艺术设计学校（SADI）成立

三星在美国、中国以及欧洲建立总部

1996 三星康宁在墨西哥建立显像管专用玻璃工厂

三星电子开发出世界上最快的CPU（中央处理器）、Alpha芯片

建立三星JP Morgan信托投资株式会社（1997年7月更名为三星信托

投资管理）

湖岩基金会建立

三星集团宣布实施绿色经营（Green Management）政策

三星汽车技术培训中心成立

三星电子负责建设的墨西哥提华纳电子综合工业区竣工

三星管理技术学院成立

三星电子实现64 M DRAM批量生产

三星电子在美国得克萨斯奥斯汀开设三家半导体生产厂

1997 三星物产三星Plaza盆唐店—太平路店开业

三星文化基金会独岛博物馆开馆

三星电子开始成立西班牙家电工业区

三星电子签署了奥运会无线通信领域全球合作伙伴（TOP）协议

三星工程承接印度尼西亚世界最大的环氧乙烷/乙二醇装置建设项目

三星物产进入核电站建设领域

三星SDS启动卫星通信服务

在马来西亚芙蓉建设东南亚最大的制造业综合工业区

三星火灾海上保险在印度尼西亚建立合资公司

1998　三星电子开发出世界上第一个128 MB同步DRAM以及128 MB Flash内存

三星汽车生产出第一台乘用车

三星宣布其经营革新计划

1999　三星Aerospace（也就是后来的三星Techwin）、大宇重工以及现代宇宙航空组成了一个独立的经济实体——韩国航宇工业公司（KAI，Korea Aerospace Industries）

三星电子的器兴公司被评为世界最佳安全公司，并入选世界吉尼斯纪录

三星电子开发出世界上第一款MP3播放器手机

三星汽车被法庭要求破产保护（李健熙总裁支付了价值达2.8万亿韩元的私人股票，用于偿还公司债务）

三星电子开发出世界上第一个1GHz CPU

三星电子开发出世界上第一个24英寸宽屏TFT–LCD

三星电子开发出翻盖式数码相机"NEXCA"以及手表式手机

三星电子开发出小型多功能无线电话"无线互联网电话（智能电话）"

三星电子进入Combi–Chip卡业务

2000 三星物产OtelInox被评为罗马尼亚最佳企业

三星电子被俄罗斯国民品牌评选组织委员会评选为"国民品牌"

三星电子签署协议，开设悉尼奥运会新闻中心和下一届奥运会赞助

三星SDS在北京成立全球软件开发中心

李健熙总裁连续5年入选由《Asiaweek》杂志评选的"政治与经济领域50强最具影响力人物"

三星电子启动内容认证业务

三星成立全球信息安全公司Secui.com

三星的品牌价值达到50亿美元

2001 三星电子开发出世界上最大的40英寸TFT-LCD显示器

三星火灾海上保险建立三星交通安全文化研究中心

三星的全球品牌价值上升22%（位居世界第42位，达到63.7亿美元）

三星尖端技术研究所成功开发出世界上第一个视频物体提取技术

三星S1公司开始从事智能卡（SmartCard）业务

李健熙总裁被ZD Net Asia评选为"2001年亚洲25位最具影响力人物"

三星重工业建造第一艘韩国造（Korean-made）大型客轮

三星Capital在国内金融机关中率先发行外汇债券（ABCP）2亿美元

三星电子签署"2002釜山亚运会赞助"协议

2002 成立三星李健熙奖学金基金会

三星证券被亚洲金融杂志《Finance Asia》评选为韩国最佳证券公司

2003 开始开展三星2004奥运营销

三星电子数字电视技术获得世界第一

三星品牌价值达到108亿美元，位居世界第21位（由Interbrand评选）

2004 李健熙总裁被FT（金融时报）评选为"最受尊敬CEO"位居第21位

李健熙总裁被授予"设计管理奖"（Design Leadership Award）

三星品牌价值达到125亿美元，上升到世界第21位（由Interbrand评选）

三星手机在法国、俄罗斯以及非洲的市场占有率第一

李健熙总裁荣获法国荣誉功勋勋章（La Legiond honneur Commandeur）

2005 三星主办"亚洲战略大会"（Asian Strategy Conference）

三星荣获美国"IDEA奖"最佳设计奖

李健熙总裁被美国《Time》杂志评选为世界100大风云人物

公布2005三星透明经营管理原则

2006 开发出了世界上第一款真正的双面液晶显示器

开发出了世界上第一个50nm 1G DRAM

推出了世界上第一款蓝光播放器

开发出了1.72英寸超反射LCD屏

2007 电视产品连续第七个季度在世界市场上占有率位居第一

开发出了世界上第一款30nm 64Gb NAND Flash内存

在美国无线通信展（CTIA）上BlackJack被授予"最佳智能手机"称号

附录 APPENDIX

液晶电视产品连续第六年在世界市场上的占有率位居第一

2008 三星在美国手机市场中取得了占有率第一的好成绩

电视产品连续第九个季度在世界市场上占有率位居第一

任命李润雨为三星电子副主席及CEO

OMNIA电话上市

三星占领美国手机市场第一位

2009 对公司业务进行优化重组

建成世界上最大的移动电话，并入选吉尼斯世界纪录

公司宣布"绿色经营"战略

赞助2009卡尔加里世界技能大赛（World Skills Calgary 2009 Competition）

三星入选积极应对全球气候变化的"十大世界性企业"

引入R & D大师系统

公布三星电子下一个一百年的"创造性企业（Creative Company）"

战略

引入"独创性新员工（Creative New Employee）"人事用工系统

完成机构重组，任命崔志成为新CEO

2010 在美国推出三星Galaxy Tab手机

在2011CES创新奖上荣获37项殊荣

在2010年全球企业品牌价值排行榜上，三星电子排名第19位

三星移动显示器开发出世界上最大的19英寸AMOLED显示屏

三星电子合并三星数码影像

三星电子在2010年温哥华冬奥会期间打造了三星奥运宣传馆

三星电子作为新加坡2010年青年奥运会的全球合作伙伴

三星SDS与三星网络合并

2011   三星电子推出32英寸3D智能电视

三星智能电视用应用程序代替遥控器

三星电子推出尺寸小于信用卡的数码相机

三星电子与IBM共享专利权

三星集团开通全球沟通平台"Samsung Village"